HENRI PIQUER

I0474953

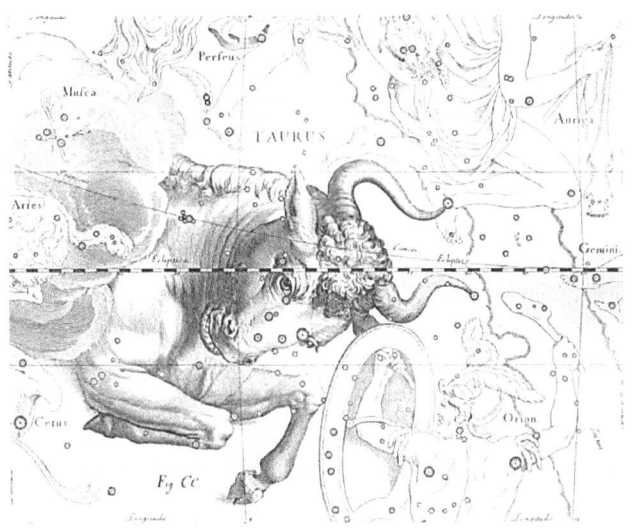

EL TORERO
&
EL FILÓSOFO

AFINAR LA ARENA PARA SUBLIMAR EL ARTE

– Ensayo –

HENRI PIQUER

EL TORERO
&
EL FILÓSOFO

AFINAR LA ARENA PARA SUBLIMAR EL ARTE

CONTRIBUCIÓN CON MOTIVO
DE UNA EDICIÓN COMENTADA E ILUSTRADA DE
UNA CONFERENCIA DEL TORERO DOMINGO ORTEGA
Y DE UN TEXTO DEL FILÓSOFO JOSÉ ORTEGA Y GASSET

– Ensayo –

En memoria de mi padre.

AGRADECIMIENTOS

Quiero expresar mi reconocimiento para con nuestros amigos Georges, el filósofo, y Suzanne, la germanista, por su ayuda inesperada cuando, al pasar por México, aceptaron someterse a una lectura crítica del esbozo de la obra.

Además, me alegra mucho agradecerle a mi hijo Jérôme su contribución cuando me transmitió su punto de vista y sufrió en mi lugar una paciente búsqueda del uro de Leibniz.

Muy esencialmente, qué aquí encuentre toda mi gratitud don Vicente Juzgado Lucas, sobrino-nieto del maestro Ortega, al que informé de mi proyecto y mandé el manuscrito francés del borrador. Con la misma sinceridad, no puedo olvidar tampoco la gentileza de doña Fuencisla López Juzgado, sobrina del torero, que aceptó recibir a mi primo madrileño Pablo –al que agradezco también el interés–, quien le explicó mis intenciones y le ofreció una traducción al español del mismo documento. Deseo no haber traicionado el pensamiento de Domingo Ortega sobre el arte del toreo, como ellos dos lo deseaban, y, por lo contrario, haber contribuido a su difusión en esta época difícil que atraviesa la tauromaquia.

No quiero olvidar, muy especialmente, a la peña taurina *Mal de Montera* de Guadalajara, Jalisco, y agradecerle el honor y la amistad con las que me recibió para que exponga ante sus socios las ideas expresadas en mi ensayo introductorio a este libro. Los cambios en la corrida propuestos, no han chocado el amor al toreo de estos aficionados, aun sabiendo que entre ellos asistía un diestro de fama internacional. Al opuesto, el desinterés total de la prensa especializada por este libro que, además de recordar las ideas del apodado *torero intelectual*, propone una solución aceptable por los dos bandos en lucha, me convenció que intereses económicos son el único freno para *"afinar la arena y sublimar el arte."*

H.P.

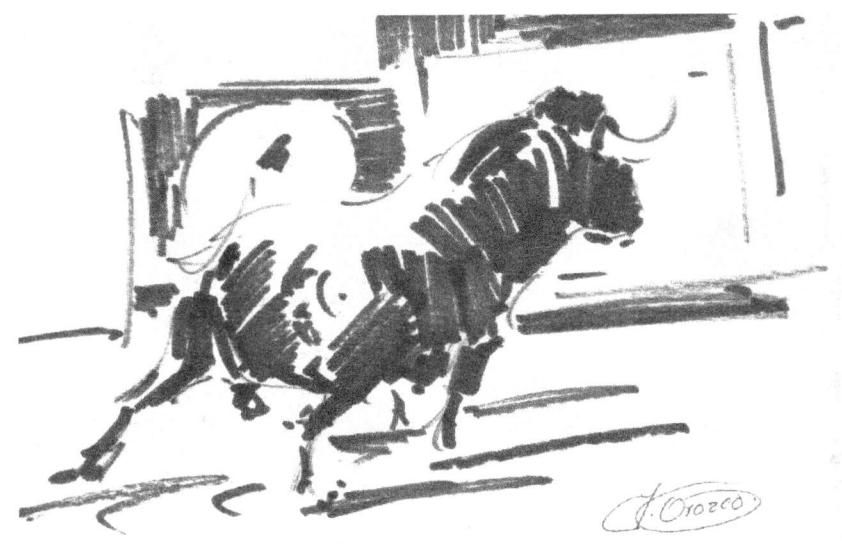

Saliendo del toril – Dibujo del Dr. Jorge Orozco Ochoa, tinta sobre cartulina de receta médica.

LA «TORORBITAL»

Traducido del francés por el propio autor.

Repetidamente el debate, o más comúnmente el combate de ideas, entre partidarios y enemigos de las corridas de toros cobra de nuevo actualidad. Que esto ocurra en Francia no sorprende, pero curiosamente el fenómeno tomó frecuencia últimamente en España, patria taurina. Unos, enfocándose en la protección del animal, exigen la prohibición de la lidia; los otros, considerando el tema con una perspectiva sociocultural, defienden su carácter perenne. Aparentemente las posiciones son radicalmente irreconciliables debido al sectarismo presente en ambos bandos. Mejor convendría aquí hablar de fundamentalismo. Esto es, nos ubicamos en el mismo esquema intelectual que en el ámbito político, económico o, sobre todo, religioso. En este último caso, proliferan los ejemplos de enfrentamientos ideológicos casi siempre con tremendas consecuencias para cada grupo contrincante.

NADA ES, TODO VA SIENDO

El propósito de este libro no es apoyar una corriente impugnando la otra, cosa que sería un acto partidista y, por ende,

11

fundamentalista. Tampoco es un intento de reconciliación de los dos bandos, lo que sería muy presuntuoso de su parte; no tiene ni la fuerza ni las cualidades necesarias para ello. Solo se trata de dar a conocer elementos teóricos presentados hace tres cuartos de siglo por dos personalidades tan distintas como un torero famoso y un filósofo renombrado.

Es también la oportunidad de expresar modestamente algunas opiniones sobre ciertos aspectos de la tauromaquia y ataques que enfrenta. Bastante tiempo he vivido en España entre familiares y amigos para saber cuánto los de mi generación, la del 68, se sienten moralmente incómodos cuando se trata de ese tema. Aunque totalmente impregnados de la esencia de la fiesta brava (me remito a esta expresión por ser para mí la más significativa), no menos conscientes son ellos de la obligación de proteger al animal del sufrimiento. No sale uno jamás de tal dilema, salvo a abrazar ciegamente una de las dos causas, opción a la que muchos no quieren someterse con razón. ¿Existiría pues alguna otra alternativa?

La intención también es de mostrar, sin temer cierta parcialidad, que, tras el debate fogoso sobre las corridas y a veces sin enterarse muchos contrincantes, se ocultan en realidad profundos temas que sobrepasan ampliamente el asunto taurino. Esta temática segundaria entre las dificultades de nuestra sociedad, afecta puntos de interés universal. El propósito consiste pues en subrayar la imposibilidad de tratar la cuestión de las corridas de toros con un sencillo voto a favor o en contra, sino que los matices, aquí como en cualquier motivo de reflexión cual sea el ámbito, deben ser interpretados honestamente por ambas partes y no encasillados por cada bando. Esta es la única manera de librarse de la confrontación para iniciar un verdadero debate humanístico.

Para muchos, una cosa fundamental es primero algo inmutable porque es de la mayor relevancia para ellos. Que sea idea, creencia, concepto, hecho científico, si uno está de acuerdo con ello entonces no se puede modificar bajo ningún pretexto. Esta interpretación es totalmente errónea porque lo fundamental es lo que sirve de fundamento, o sea,, de base para elaborar un sistema, una teoría, una filosofía, una religión o cualquier otra elaboración del pensar humano. Construyendo sobre unos cimientos, se modifica el espacio, se lo hace evolucionar y no sólo el objeto en construcción, sino también todo cuanto esté relacionado con él. Recíprocamente, esos cambios repercuten sobre el mismo asiento de la construcción y paulatinamente imponen resignarse a hacer adaptaciones, arreglos, y hasta cuestionamientos radicales. Es obvio a propósito de una teoría científica, de una religión, de un proyecto coherente de sociedad, y hasta de la menor construcción material. No se edifica hoy una presa de agua como hace más de un siglo; el modelo del Universo ya no es él de Kepler, aunque siga la Tierra siendo un satélite del Sol y no lo contrario. Olvidémonos un instante de este movimiento inherente a lo fundamental, es decir, de su propia evolución, y caeremos en el fundamentalismo que se transformará rápidamente en integrismo y, entonces, de las diferentes percepciones del fundamento brotarán sectarismos. El ejemplo de la evolución de las interpretaciones religiosas y científicas del Universo, desde hace siglos hasta ahora en el mundo occidental, ilustra bien este fenómeno: cada descubrimiento o teoría verificada por experimentación u observación, ha hecho evolucionar el punto de vista de la Iglesia católica sin cuestionar su concepto fundamental, la existencia de Dios, pero reconstruyéndolo. ¿Por qué no sería lo mismo en temas menos abstractos como las corridas de toros?

DOS BANDOS EN EL RUEDO

¿De qué se trata con lo fundamental en cada uno de los bandos que se enfrentan a propósito de la fiesta brava? ¿No nos estarán embaucando los "taurusenemigos" lidiándose mutuamente, cada quien dándose aires de matador y prestándole al otro los del toro? ¿Habrá tercio de muerte para el que cada uno considera como la fiera a lidiar? Plantear así la cuestión de la postura de cada cuadrilla ya es afirmar que tenemos asunto con dos visiones petrificadas de una misma realidad: el toro. Por un lado, el animal no debe sufrir, punto y coma; por el otro, la fiesta taurina es una tradición arraigada en los tiempos más remotos, punto y coma.

¿Pero será este un debate de las últimas décadas? No; siempre existió. La Santa Sede prohibió la lidia de toros en el Siglo

XVI para autorizarla de nuevo años después. En 1842, un escritor español contaba como, por los años 1780, su padre aguantó una arremetida en contra de la inmoralidad de las corridas, anécdota que está publicada al final de esta obra. En 1889, el señor de Frézals, crítico taurino francés, en un artículo publicado por la *«Revue britannique»*, exigía, fingiendo hacerse el intérprete de la Sociedad Protectora de los Animales, "para el manso buey amarrado en nuestros rastros, de no tener que sufrir […] ni más, ni más tiempo que el toro armado y bravo lealmente matado en duelo". En el artículo también evocaba el sacrificio ritual, escandaloso según él, que algunas religiones imponían para sacrificar las reses de carnicería. El mismo explicaba por otro lado que "la corrida de toros mata a menos hombres que las carreras de caballos"[1]. Más cercano en el siglo pasado, por los años sesenta, Jean Ferrat cantaba en «Les *Belles étrangères»*:

> Allons, laissez–moi rire *(¡No me hagan reir!)*
> On chasse, on tue, on mange *(Cazan, matan, comen,)*
> On taille dans le cuir *(Tajan en el cuero)*
> Des chaussures, on s'arrange, *(Zapatos elaboran)*
> Et dans les abattoirs *(Y en los mataderos)*
> Où l'on traîne les bœufs *(Que las reses pisan)*
> La mort ne vaut guère mieux *(La muerte vale igual)*
> Qu'aux arènes le soir. *(Que en el ruedo a las seis)*

Consideremos primero la defensa absoluta del animal como precepto fundamental de los adversarios del toreo. ¿Puede afirmarse

---

[1] Frézals, G. de; Courses au taureau et Principes de Tauromachie; Revue Britannique de septiembre de 1889, Paris. Reedición del artículo en la colección Rediviva de C. Lacour, Éditeur, Nîmes, 1993.

que el estrés y el sufrimiento relacionados con el transporte y el proceso de matanza en la cadena comercial que proporciona la carne para la alimentación humana, sean menores, incluso nulos, en comparación con el transporte y la lidia de los toros bravos? A no ser de prohibir definitivamente el consumo de carne, este aspecto del debate no tiene salida. Al propósito, Vargas Llosa, Premio Nobel de Literatura, subrayaba que, si la inmoralidad de la tauromaquia provenía del sufrimiento infligido a un animal para colmar alguna satisfacción humana, se tendría que prohibir todos los demás usos de animales con fines alimentarios o gastronómicos. Salvo a considerar que los toros tienen más derechos que los pobres crustáceos, cerdos, ocas o pavos[2].

Queda cierto que, hasta finales del siglo XIX, las corridas eran un espectáculo cruel y sanguinario. Pocos aficionados saben que a menudo se excitaba al toro o se le cansaba exageradamente lanzando contra él perros de presa que a veces lograban matarlo antes de que intervenga el matador; horrible espectáculo, sin contar los perros matados anteriormente por la fiera con la misma ferocidad[3]. Aquella orgia de crueldad fue un tiempo completada por

---

[2] Los toros y la libertad de todos, Editorial del periódico "El Comercio Perú" del 02/04/2012 reproducido en http://arqueohistoria.blogspot.mx/2012/04/sobre–las–corridas–de–toros.html

[3] En anexos, está publicado un texto de principios del Siglo XIX relativo a la violencia de esa práctica.

banderillas[4] que no eran sino petardos cargados de pólvora destinados a irritar al toro pues se los clavaban sobre el lomo;

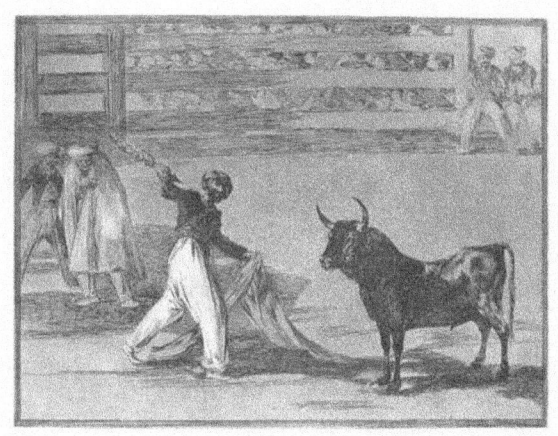

El origen de las banderillas.
Pintura de Goya, museo del Prado.

sabiendo también que, en los primeros usos de aquellas banderillas, la evacuación del chorro de combustión estaba orientada hacia abajo y quemaba la carne sangrienta en la herida provocada por la punta en forma de arpón de la banderilla. Hay que añadir a todos estos sufrimientos infligidos para el espectáculo, los que inevitablemente soportaban los caballos utilizados para la suerte de varas. Hasta la generalización a partir de la primera mitad del Siglo XX, del caparazón todavía en uso en las corridas, era muy frecuente que un picador tuviera que cambiar dos o tres veces de montura, a veces

---

[4] Si se cree a Goya en su serie de dibujos «Tauromaquia», la banderilla, primero llamada de manera significativa «arpón», fue introducida por toreros moros que participaban a las corridas en España.

más, para acabar el tercio que le correspondía con su garrocha porque sus cabalgaduras morían corneadas y despedazadas. Haciendo hincapié en esta historia horrible para nuestros ojos contemporáneos, los enemigos del toreo acusan a los aficionados actuales de aceptar dicha herencia de crueldades cuando evocan las raíces culturales de la tauromaquia moderna para justificarla[5].

Los partidarios de las corridas de toros replican que no se puede comparar un toro bravo con el ganado bovino y que, si la lidia es leal, la fiera muere (teóricamente pues ocurre alguna rara vez que se le indulte y regrese a las dehesas) en un marco psicológicamente natural para ella porque tiene el instinto del combate grabado en sus genes, luchar es su naturaleza más profunda. Aun con esto, los aficionados no niegan aquella crueldad pasada, pero hoy la rechazan radicalmente por ser contraria a su concepto del combate leal que desean ver organizar en cada una de las corridas. Los taurófilos de hoy ya no son el público mayoritariamente sin cultura que llenaba en España las gradas hace cien años y más. Recalcan además que ocurre lo mismo con la caza. Desde que esta actividad ya sólo es un deporte o un sencillo pasatiempo en los países económicamente avanzados y ya no una necesidad alimentaria para las familias, ella se sitúa en un marco reglamentario cuya meta es hacer leal el

---

[5] Referente a la violencia de las antiguas corridas, los dibujos de Goya, sin lugar a dudas aficionado el mismo, son testimonios elocuentes. Se pueden ver en http://www.realacademiabellasartessanfernando.com/es/goya/goya–en–la–calcografia–nacional/tauromaquia y también en www.elartetaurino.com

instante cinegético. Además, bien se sabe que los cazadores son unos amantes de la naturaleza y que la quieren conservar en buen estado lo que supone la preservación controlada de los animales. De la misma manera, los aficionados aman los toros y la práctica de la tauromaquia incitó las ganaderías a mejorar la raza taurina, así como a criar en condiciones de vida óptimas estos bovinos que pastan en vastos espacios que evocan la gran pradera primigenia.

Veamos ahora lo fundamental en lo que dice el aficionado a los toros[6]. Además, como acabamos de verlo, de la insistencia sobre el carácter bravo del toro que hace natural para él la situación de combate, añade que las corridas de toros constituyen una tradición popular desde los tiempos más remotos y por ende hace parte del tejido cultural de España y otras regiones del mundo. En cuanto al pasado histórico, no niega los hechos y las costumbres del pasado, pero subraya su relatividad porque es engañoso comparar la lidia de toros organizadas en dos sociedades radicalmente diferentes en el curso del tiempo en los ámbitos social, cultural, económico y político. Del mismo modo que los juegos del circo en Roma se volvieron una espera popular fomentada y mantenida por el poder, la corrida española fue también con la religión y las tradiciones populares, uno de los constituyentes del opio del pueblo, para

---

[6] La palabra aficionado debe tomarse en este libro en su sentido más general que corresponde a la persona que siente afición por un espectáculo al que asiste frecuentemente y no en el sentido del que práctica una actividad sin ser profesional. Sin embargo, según el contexto en el que está empleada por Ortega, la palabra puede a veces designar al buen conocedor de la tauromaquia.

parafrasear la célebre y más restrictiva fórmula de Marx. ¿No dice un refrán español: "*¡Pan y toros, y mañana será otro día!*"? Los dichos expresan sabiduría, pero también rasgos psicológicos colectivos. Así el ruedo ha reflejado la violencia secretada por la sociedad y expresada en el carácter popular hasta principios del Siglo XX. Es un punto importante, muchas veces desatendido cuando algunos aluden a las crueldades pasadas escenificadas en la corrida antigua, para dar más fuerza a sus críticas actuales.

EL PESO DEL PASADO IBÉRICO

Mientras en Francia el espectáculo taurino fue introducido solo a mediados del Siglo XIX para complacer a la emperatriz Eugenia de Montijo, esposa española de Napoleón III –lo que motiva a los antitaurinos a decir que no se puede hablar de tradición francesa en esa materia; pero ¿existe un tiempo mínimo para dar a una costumbre cualquiera de un grupo social el estatuto de tradición?[7]– en España, por lo contrario, eran ya siglos de juegos y retos taurinos que arraigaban la tauromaquia en la historia de la sociedad[8]. Es entonces natural que la fiesta brava refleje, más que todo, el carácter de la sociedad española que la fomentó en un muy largo proceso. Mencionando a su Castilla natal, patria también de la

---

[7] Un sabio marroquí interrogado por mi hijo Jérôme respondió que una costumbre se volvía tradición cuando la memoria colectiva ya no recordaba su inicio. ¡Así de sencillo!

[8] Tauromaquia, dice la Real Academia Española, es el arte de lidiar toros, y el toreo, la acción de torear.

fiesta brava[9] al igual que Andalucía, un gran filósofo español, Miguel de Unamuno, explicaba que los rasgos culturales esenciales de la «raza castellana»[10], retomando su expresión, estaban determinados primero por el entorno natural en el que vivían los hombres y, después, por el marco de las relaciones sociales dentro de la sociedad[11]. En Castilla era pues el clima riguroso con sus extremos tórrido y glacial, era el hábitat rústico arrimado a la iglesia, pero en un riguroso aislamiento geográfico por culpa de las enormes distancias entre los pueblos y las dificultades de comunicación, era la religión omnipresente y el misticismo subyacente que alienta a buscar "la libertad por la sumisión y no por la rebelión"[12], era también la estigmatización del trabajo mecánico considerado deshonroso, la infamación de la pobreza considerada como un delito, el valor moral vinculado con la defensa del honor que justifica el sacrificio de la propia vida o de la ajena. Mentalidades

---

[9] En sí, este nombre de la corrida de toros es significativo de la raíz histórica de los espectáculos taurinos en la Península relacionándolos directamente al carácter violento de la sociedad hasta poco más de un siglo. La palabra « *bravo* » proviene del latín « *barbarus* », bárbaro, que identificaba originalmente al residente de las zonas salvajes de Europa y que terminó por obvias razones en calificar a alguien violento, bruto, sin modales. El bárbaro era la forma clásica del salvaje en la era colonial. En francés bravo se traduce « *sauvage* » que es justamente "salvaje".

[10] *Raza,* hoy día, puede parecer algo abusiva como palabra por culpa de su consonancia biológica que no tiene nada que ver con el texto de Unamuno. El autor habla en realidad de la casta es decir de la esencia misma que singulariza el carácter de un pueblo o un grupo humano. Tratándose de algún animal, casta sería sinónimo de raza pura, de origen genuino. El adjetivo derivado es castizo, o sea puro, original.

[11] Miguel de Unamuno, *En torno al casticismo*, Editorial Biblioteca Nueva, Madrid, 1996.

[12] Ibídem.

así moldeadas consideraban la violencia y la valentía que la soporta como elementos sociales naturales. Salvo el clima, era lo mismo en Andalucía[13]. Dos refranes que recuerda Unamuno[14] son significativos de aquel ambiente espiritual: "El hombre y el oso, cuanto más feo, más hermoso" y "El perro muerto, ni muerde ni ladra". En efecto, los refranes, tanto en España como en Francia u otra parte de Europa reflejan los grandes rasgos de las mentalidades de una época y "poco nos extrañaría el carácter ajustado, ponderador, pusilánime, ceñido, mezquino de la sabiduría refranesca si recordáramos que la sociedad en la que apareció era de desmesura en la desdicha, de violencia sin freno, de frío y de hambruna"[15].

Para regresar concretamente a la época en la que se definieron las primeras reglas de la tauromaquia y entender mejor la aceptación de la crueldad de las corridas entonces, hay que subrayar también que en España, pasada la Guerra de Independencia y durante varias décadas, la multiplicidad de los grupos de guerrilleros que habían combatido anteriormente a las tropas napoleónicas, propició una delincuencia extrema que llegó hasta frenar el desarrollo económico obstaculizando los ya difíciles transportes de las mercancías y de las personas. Pero si desvalijaban y mataban

---

[13] Aunque el norte y el oriente andaluces conozcan características parecidas.
[14] Ibídem.
[15] Rey, Alain; *Préface du Dictionnaire de Proverbes et Dictons*, Dictionnaires Le Robert, Paris, 1994.

ufanamente en los caminos importantes, hay que añadir también que

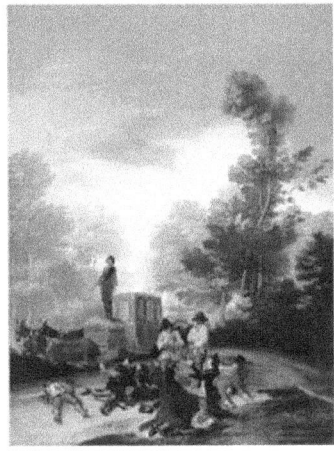

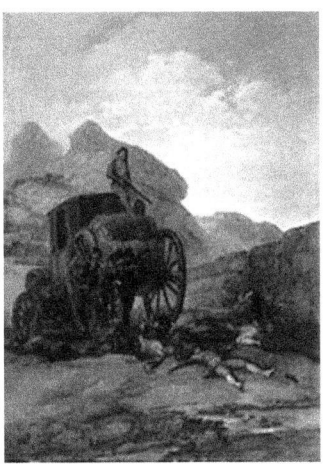

Asalto a diligencia (Pintura de Goya, 1794)

el pueblo de abajo jugaba, amenazaba, agredía, blandiendo hábilmente el garrote o la navaja al menor altercado, que las ejecuciones con garrote vil en las plazas públicas eran frecuentes,

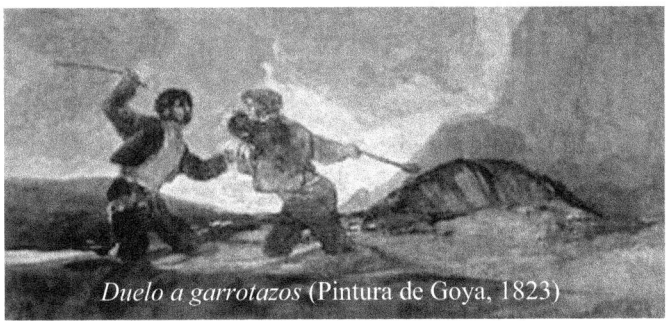

Duelo a garrotazos (Pintura de Goya, 1823)

sobre todo cuando se desafiaba el orden establecido, y que la justicia era proporcional al grado de pertenencia social del justiciable. La violencia expuesta en las corridas de toros no desemparejaba pues en tal contexto en el que las mentalidades estaban preparadas para recibirla como un modo divertido de alivio.

23

Sin embargo, no hay que ser demasiado esquemático evocando el pasado violento de la corrida de toros pues, incluso en el Siglo XVIII, los sentimientos exacerbados que expresaba el público podían ser contradictorios y no sin valores morales. El caso del toro *Chocolatero* es a ese propósito significativo de la sociedad española de entonces: en las fiestas de San Fermín, en Pamplona el 7 de julio de 1758, recibió la cantidad aterrorizadora e increíble de veintidós picas, mató aun a diez caballos y fue indultado por la presidencia a petición insistente del público emocionado por su ímpetu. Ninguna emoción por los pobres caballos, pero sí por la fuerza y la bravura excepcionales de aquella fiera aun picada abusivamente con la aprobación general. Fuerza y bravura, dos pilares de la casta, pero que borraban cualquier otra consideración sentimental en el combate.

A pesar de la obra taurina innovadora de Pedro Romero a finales del Siglo XVIII y principios del XIX, y de las reglas oficiales inspiradas de los tratados de tauromaquia de Pepe Hillo y de Paquiro[16], matadores de la misma época, los organizadores de las fiestas bravas detenían una gran libertad y, más que todo, satisfacían la espera del público como lo ilustra uno de los textos

---

[16] José Delgado, alias *Pepe Hillo*, Tauromaquia o arte de torear, Turner–Ediciones El Equilibrista, 1994.Francisco Montes, alias *Paquiro*, Tauromaquia completa, Turner–Ediciones El Equilibrista, 1994.
Estas obras las redactaron dos periodistas letrados que plasmaron de forma correcta las ideas de los toreros. Se trata de José de la Tixera en el primer caso y de Santos López Pelegrin, alias Abenámar, en el segundo.

contemporáneos publicado en anexos. Claro, existía una autoridad presente en cada corrida, generalmente nombrada por la municipalidad, con alguaciles y guardias a su disposición, pero el reglamento que aplicaba era forzosamente el reflejo de las mentalidades y concepciones de la época. Hay que recalcar que la crueldad escenificada en el ruedo tenía el mismo propósito que tiene hoy una película de terror o de violencia extrema: realizar de manera individual o colectiva una verdadera catarsis; esto es, liberar para purificarlos y expulsarlos de la conciencia, los sentimientos de miedo o inquietud, hasta de resentimiento o de venganza, que la precariedad social y a menudo la pobreza, provocaban en las clases populares que componían la mayor parte de los espectadores hasta las primeras décadas del Siglo XX. Para los defensores de la tauromaquia, aquellos aspectos históricos, hoy repugnantes y criticados por los antitoreos, han perdurado en contra de la voluntad de los puristas del arte taurino, los cuales han abogado en favor de una reglamentación cada vez más estricta centrada únicamente sobre el hombre y el toro, alejando así paulatinamente la fiesta brava del circo romano[17]. Intelectuales aficionados denunciaron entonces a

---

[17] Esta evolución fue lenta, pero sin embargo real. Paquiro, en su tratado tauromáquico se esforzó en definir numerosas reglas para que la tauromaquia se volviera arte y dejara de ser únicamente un espectáculo de circo. A pesar de su esfuerzo, siguió admitiendo el lance de los perros, aunque únicamente en un caso especial y reglamentado. ¡Es decir, cuan fuerte era y es la presión de una sociedad sobre las mentes, aun las más avanzadas de una época! En efecto, el propósito de Paquiro era resguardar la integridad del matador en la última suerte de la corrida, cosa totalmente comprensible, pero dándole más variedad al espectáculo propuesto al público.

menudo la crueldad–espectáculo servida a un pueblo transformado, una tarde y por algunos momentos, en sádico y sanguinario, comprobando así que los verdaderos aficionados querían, desde ya hace tiempo, una tauromaquia pura tal como la describirá Domingo Ortega en su conferencia un siglo después.

Responsabilizar del pasado feo de las corridas a los aficionados de hoy no tiene más sentido que de negar toda legitimidad a los Estados modernos de Europa y a la Iglesia porque existieron hombres en otras épocas que tuvieron y practicaron conceptos que hoy día nos asombran como por ejemplo el absolutismo, la esclavitud, la Inquisición o la tortura por sólo indicar estos. Todavía retumba en el Béziers de los Cátaros, hoy ciudad taurina de Francia, el eco del "¡Mátenlos a todos! Dios reconocerá a los suyos", dicho por el prelado papal Arnaud Amaury dirigiéndose a los cruzados enviados a petición de la Santa Sede para poner orden moral en aquel Sur del Siglo XIII, y que no sabían cómo reconocer a los heréticos. Aunque quizás aquella terrible orden no haya sido expresada de tal forma, la matanza de la población de Béziers, ella, sí fue real y cumplida en nombre del dogma católico romano. Si los ciudadanos de hoy y las instituciones están exonerados de aquellas gravísimas faltas morales históricas, es porque siempre hubo, en la vanguardia social, mentes esclarecidas, famosas o anónimas, para guiar la sociedad hacia ideales cuya aceptación nos parece ahora totalmente natural gracias a ellas.

A todo esto, los defensores de los animales responden que cuando el mundo evoluciona, es normal que las tradiciones también lo hagan e, incluso, desaparezcan. Los ejemplos no faltan en la historia de cada nación. Para tomar dos ejemplos evidentes, pensemos en lo que pasó a la mayoría de las tradiciones relacionadas con la vida agrícola al volcar rápidamente, en dos o tres generaciones, las sociedades rurales a sociedades industriales, o en la transformación de la sociedad tradicional autosuficiente en sociedad de consumo: los hábitos, las tradiciones, no resistieron todas a la evolución socioeconómica, ni mucho menos. En cuanto a la caza, añaden ellos, tendría que ser lo mismo puesto que se relacionaba con una forma de subsistencia de los humanos que ya no existe.

ACERCARSE PARA EVOLUCIONAR

Esos son pues los dos fundamentos de cada bando. Sin embargo, cada quién manteniéndose en su trinchera, lo fundamental ya sólo alimenta fundamentalismo. Urge entonces aceptar retomar la evolución que de todas maneras se hizo desde generaciones a partir de los preceptos básicos. La protección de los animales, de sencilla sensibilidad emocional antes, pasó ahora a ser considerada uno de los temas de la protección del medioambiente sin por lo tanto perder la fibra sentimental original ni rechazar la compasión ante el sufrimiento de los seres vivientes. La tauromaquia se convirtió poco a poco desde la Antigüedad hasta el Siglo XX, de simple diversión espontánea y cruel, en una actividad reglamentada que sus partidarios consideran un arte resaltando la corografía que ella produce, arte que pintores como Goya o Picasso, entre otros, han inmortalizado en sus obras.

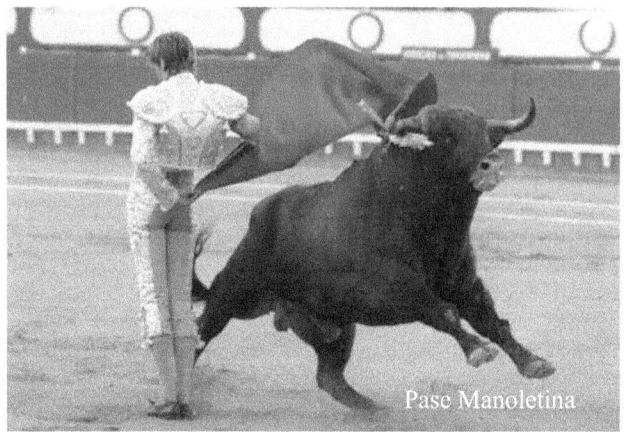

Pase Manoletina

Entonces ¿puede considerarse hoy posible seguir esa evolución basándose en los mismos fundamentos? Con certeza, si los unos, allende las fotos sangrientas, observaran con más atención el dramatismo en torno al torero y la belleza de las trayectorias cruzadas de los dos protagonistas de la lidia, y si los demás olvidaran un instante el asunto de la nobleza del duelo, para cuestionarse más sobre la necesidad de los castigos y del sacrificio supremo supuesto transcender el arte. En una palabra, tienen unos que recordar que en la carnicería la carne ya no sangra, y otros que acordarse que cuando el hidalgo desenvainaba nunca hería la dignidad del adversario.

No es inverosímil que un día cercano nazca una nueva tauromaquia centrada sobre el arte de torear sin la dramaturgia inducida por la muerte. No preciso esta última porque, si el animal es vencido y muere casi siempre, ocurre más veces de lo que parece que el hombre salga del ruedo en camilla amén de los que en él dejan la vida. Claude Popelin contabilizó, de 1771 a 1930, 209 muertos, contando espadas, novilleros, peones y picadores, lo que representa 4 % de los hombres entrados en la profesión taurina durante esos

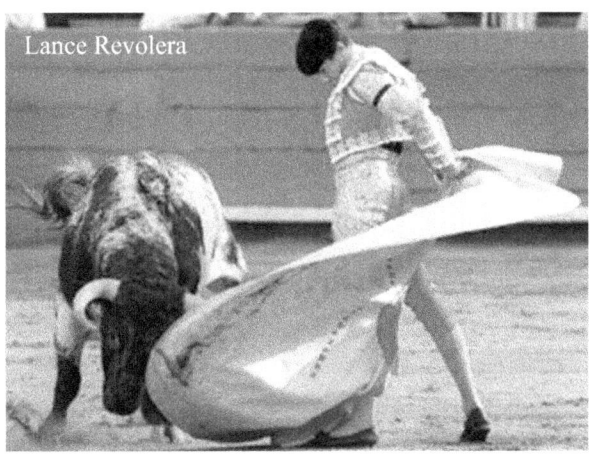

Lance Revolera

mismos años[18]. Este peligro para el torero es pocas veces tomado en cuenta por los que se enternecen únicamente, pero con toda razón, sobre la fiera para exigir la prohibición de las corridas de toros. Es obvio que el peligro aceptado con anterioridad por los participantes

---

[18] Popelin, Claude; *Le Taureau et son combat*; Éditions de Fallois, 1993, Paris. Muertes ocurridas en el ruedo o como consecuencias de heridas recibidas durante la lidia. Seguramente hubo más víctimas porque no están contabilizados todos los años anunciados y, además, faltan los últimos 80 años. Quizás sea más un 5 %.

a una actividad no caracteriza solamente la tauromaquia. Cada uno conoce, por ejemplo, una multitud de deportes con altos riesgos. Sin embargo, generalmente, estos riesgos son de orden técnico, pueden ser listados y evaluados antes de lanzarse a actuar, mientras que en el ruedo todo es muy diferente por ser imprevisible. En efecto, es el toro bravo genéticamente un luchador, con una fuerza muy superior a la del hombre, que hará todo lo posible para deshacerse por reflejo atávico de ese individuo peligroso, el torero, o sea,, para matarlo; la acción de la fiera nunca es matizada. Justamente, es por tratar de reducir esa desigualdad de fuerzas previamente al momento decisivo de la muerte, que se castiga al animal, por retomar términos del vocabulario taurino, con la suerte de banderillas y la de varas, aunque también ocurre que ellas lo puedan enfurecer más. De ahí surge por qué estos dos castigos tienen obligatoriamente que ser medidos de forma lícita y con precisión en función del carácter del toro por la presidencia de la corrida cuya responsabilidad es observar todo con mucho esmero. Sin embargo, como durante el inicio de la lidia, el diestro y sus peones enfrentan la fiera tal como sale del toril, se puede uno preguntar si lo demás es verdaderamente necesario, por lo menos tal y como está practicado hoy. Dicho de otra forma: ¿contribuye realmente el sufrimiento impuesto al animal a realzar la ofrenda a la belleza? El mismo Ortega explica en su interesante conferencia que la pérdida de sangre del toro es mínima con el doble castigo cuando se le aplica correctamente. Esto es, la fiera se debilita relativamente poco y ello gracias a su naturaleza salvaje. ¿Pero de aquí, se debe deducir que no siente ningún dolor? **¡Claro qué no!** Sin embargo, los defensores de los animales cometen un grave error, el de atribuir un sentimiento humano, el sufrimiento, a ese dolor. En efecto, no se debe humanizar al animal, bravo o doméstico, por el riesgo de borrar en nuestra percepción su naturaleza profunda, de alterarla, de negarle su ser. Esa voluntad de crear una confusión entre dolor y sufrimiento –dicho de otro modo, entre sentido[19] y sentimiento[20]– no es inocente en voz de algunos grupos que no buscan fomentar la sensibilidad de los ciudadanos sino la sensiblería, forma psicológica de la demagogia, para dejar el animal rehén de movimientos en pro de concepciones morales, sociales o políticas que quisieran imponer a la sociedad.

En este punto se ve que hay lugar para desarrollar una reflexión sobre la evolución posible de la tauromaquia. Tomaría en cuenta a la fiera no aisladamente en el ruedo, sino como un elemento de la biosfera y, tanto como al buey de carnicería, como un elemento de la sociedad humana: el primero perteneciendo al mundo cultural y lúdico, el segundo al ámbito económico y alimentario.

---

[19] Facultad de percibir sensaciones auditivas, táctiles, gustativas, olfativas y visuales; facultad compartida por las especies animales en diversos grados.
[20] Según la RAE: *Estado afectivo del ánimo*. Se trata obviamente de una característica humana y no animal, pues presupone que el ser viviente esté dotado de una conciencia. Por ejemplo: el sentimiento religioso, amoroso, de júbilo, de orgullo, etc.

RUEDO DE ARENA MOVEDIZA

Este enfoque sociohistórico rápido del debate sobre la tauromaquia que enardece tanto las mentes en ambos bandos, permite evitar la sensiblería y la pasión. En efecto, nos enseña que no se puede examinar el fenómeno tauromáquico desde un ángulo estrecho, sino que hay que tomarlo con toda la seriedad debida a un fenómeno profundo de la sociedad. A pesar de las apariencias, este tema no se limita al mundo luso-hispánico, incluso ensanchándolo hasta el Sur francés, porque los conceptos que viven en él involucran al hombre en general sobre el planeta Tierra. No digo eso porque hay un movimiento que pide a la Unesco añadir la tauromaquia al patrimonio cultural inmaterial de la Humanidad, sino más bien refiriéndome a dos valores humanísticos que el actual y mezquino debate taurino conllevado por medios y asociaciones, oculta: la libertad de conciencia y el respeto a la muerte.

Algunos quisieran que la ley, o sea, la expresión de una mayoría en los regímenes democráticos, prohibiera pura y simplemente los toros. Esta postura a favor de una imposición – quizás sin malicia aunque queda establecido que los movimientos reivindicativos no surgen fuera del ámbito social y de los factores políticos– se podría entender si la tauromaquia vulneraba la libertad de los que no son aficionados: los antitaurinos o los indiferentes. ¡Claro que no es el caso! La organización y el desarrollo de una corrida de toros no obligan a nadie en hacer cosa indeseable para su conciencia. Solo los espectadores presentes en la plaza de toros por voluntad propia se ven sometidos al reglamento. Hasta aquí está respetado el principio claramente establecido en la Declaración de los Derechos del Hombre y del Ciudadano adoptada en 1789 por los revolucionarios franceses, y retomada en su esencia por textos fundamentales ulteriores en otros países y en la ONU: "La libertad consiste en poder hacer todo lo que no afecta a los demás: así, el ejercicio de los derechos naturales de cada hombre no tiene sino los límites que garantizan a los otros Miembros de la Sociedad el gozo de esos mismos derechos... La Ley sólo tiene derecho prohibir las acciones nocivas a la Sociedad". De este punto de vista, no hay motivo para exigir una ley abolicionista; esto es, el Estado democrático no tiene legitimidad para intervenir en aquel ámbito. Sin embargo, en nombre de estos mismos principios, los antitaurinos tienen total libertad para hacer campaña en el marco legal con el propósito de convencer al público de no asistir a los toros. Muchas tradiciones, espectáculos y actos religiosos así desaparecieron.

Aun existe otro enfoque de este mismo tema por los antitaurinos: consideran el toreo contrario a la moral. Según ellos, la intervención del Estado es legítima porque este tiene como misión implícita moralizar a los ciudadanos, obligarlos a tener una vida sana (física y espiritualmente se supone), inculcarles las nociones del Bien y del Mal haciendo leyes adecuadas. Salvo el hecho que esta postura implica la necesidad de definir anteriormente un sistema de referencia que distinga el Bien del Mal –lo que plantea la doble cuestión de las personas o instituciones estatales capaces de definirlo y de la legitimidad de ellas–, es evidente que esa postura nos saca del marco democrático. El Estado cambiaría entonces de naturaleza: se volvería totalitario sea cual sea su forma constitucional. Todos los regímenes totalitarios quieren, de una manera u otra, dirigir la vida social y a veces la privada de los habitantes de los países que dominan. Los ejemplos pasados son innumerables –pensemos en los regímenes fascista, nazi, franquista, estalinista–, pero tampoco faltan en la actualidad, desgraciadamente. Incluso algunas democracias conocieron momentos de totalitarismo parcial como fue el caso de esos estados de los EE. UU. que prohibían todavía en los años 60 y 70 enseñar la teoría de la evolución natural de las especies e imponían una segregación racial en los transportes y las universidades; también como Francia donde en los años 50 se reprimía a los médicos que intentaban difundir el método de parto sin dolor, oficialmente denunciado como producto de la ideología soviética. En muy numerosas naciones todavía, el estado ordena cómo uno debe de comportarse en sociedad o en privado. ¿En cuántas naciones la mujer tiene que cubrirse el cabello o no puede vestirse a su gusto, el acceso al conocimiento se encuentra custodiado por textos religiosos, la libertad sexual es reprimida, el arte no puede librarse de la norma oficial? Seguramente demasiados o, por lo menos, los suficientes para hacernos rechazar la idea de imitarlos en esas terribles prácticas. Consta, sin embargo, que fue lo que hizo el Parlamento de Cataluña al prohibir las corridas de toros desde enero del 2012. Para el filósofo Fernando Savater, aquella decisión legislativa atenta contra la libertad moral. "Los parlamentos no están para resolver cuestiones morales... Podría haberse instituido una regulación restrictiva, pero no prohibitiva... Se condena una de las morales en nombre de otra. Y eso es lo que hacen las teocracias"[21]. Sin embargo, no se trata de impugnar la legitimidad de una ley votada por la representación popular en un régimen democrático. Cuando una ley es votada, ella se aplica a todos los ciudadanos, incluso a los de la minoría. Pero no poner en duda la legitimidad de una ley y aplicarla como buen ciudadano, no quiere decir someterse a la argumentación mayoritaria que prevaleció en el momento de la votación, y cesar la lucha a favor de sus propias ideas con la esperanza de hacer abrogar un día, o simplemente modificar, la dicha ley. Esto es aún más necesario cuando se estima que la ley aprobada contra su opinión lo fue sin verdadero debate, o es injusta, o incluso viola un principio fundamental de la democracia.

Eso es lo que significaría imponer a los aficionados, y a través de ellos a toda la sociedad, la prohibición de la tauromaquia en nombre del Bien. No se puede estatizar la moral. Y justamente, también es por el concepto de moral que otros antitaurinos intentan encontrar un justificativo a su reivindicación radical: la prohibición

---

[21] Fernando Savater, entrevista con el periódico *El País* del 18/09/2010.

del toreo. Como se dan cuenta de que es imposible imponer a los demás sus propios valores morales por razones éticas –menos en Cataluña según parece– le dan vuelta a su favor al argumento presentándose ellos como víctimas. Dicen así que "la corrida atenta a los derechos ajenos porque hiere la sensibilidad moral de muchos de ellos"[22]. El argumento es falaz, ya que si se tomara en cuenta tendría las mismas consecuencias dramáticas que el intervencionismo estatal anteriormente denunciado. Esto es, aun en democracia bastaría que una mayoría considerase anormal una forma de vivir, un concepto artístico o cualquier otro aspecto de la vida privada de la gente para que se reprimiera a la persona o al grupo considerado responsable de ese atentado contra la sensibilidad moral de esa mayoría del momento; aun si esta evolucionara con el paso del tiempo, nada cambiaría en cuanto al fondo del asunto examinado aquí: la defensa de la libertad de conciencia y del Estado de derecho. Se perfila claramente a que extremos podría llevar a la gente tal actitud. En efecto, en un país democrático "donde la mayoría lo encontrase moralmente ofensivo, ¿sería entonces legítimo que el Estado persiguiese los romances homosexuales? O, si tuviéramos una mayoría de fundamentalistas del racionalismo cuya sensibilidad fuese ofendida por las procesiones religiosas, ¿sería válido que la ley las prohibiera? La dictadura de la mayoría

---

[22] *Las corridas y la libertad de todos*, Editorial del periódico *El Comercio* de Perú (02/04/2012).

es tan tiránica como cualquier otra"[23]. En una palabra, no se puede someter la moral al criterio de universalidad, a no ser de contradecir uno de los cimientos de la democracia: la libertad de conciencia.

En su conferencia, más adelante presentada, refiriéndose a su ámbito profesional, el torero Domingo Ortega subraya con fuerza ese peligro afirmando que el público no siempre tiene la razón cuando da su preferencia a tal o tal moda y que es erróneo querer acompañarlo en ese sentido para complacerlo cuando la cuestión sería más bien de educarlo. El filósofo José Ortega y Gasset cuyo texto sigue al del torero, advirtió en su obra sobre la tendencia de las masas en actuar a menudo sin discernimiento. "No lo que hicimos ayer, sino lo que vamos a hacer mañana juntos, nos reúne en Estado"[24] explicaba él. Ahora bien, especialmente desde que acabó la Guerra Fría, en las sociedades occidentales, ya no existen grandes designios llevados por un partido o una personalidad fuera de lo común para unificar a cada pueblo o grupo de pueblos en torno a un proyecto político, económico o cultural. Parece ser que el hundimiento de esas sociedades en cada vez más liberalismo capitalista inflado por el torbellino de la mundialización y cada vez menos liberalismo humanístico so pretexto de mejor navegar en esa tormenta, ha dividido la atención de los ciudadanos en una infinidad de temas. El pueblo unido sobre lo esencial (los valores de la *res*

---

[23] Ibidem.
[24] José Ortega y Gasset, *La rebelión de las masas*, Espasa–Calpe, Madrid, 1997.

pública) se encuentra ahora atomizado, en el mejor de los casos en pequeños grupos reunidos por un solo centro de interés: multiplicidad hasta el infinito de asociaciones temáticas, retroacción de los sindicatos hacia el corporativismo condenado por la evolución histórica del sistema burgués hace dos siglos (véase la Revolución francesa), contaminación de los partidos políticos por la política politiquera, justamente la que abandona el gran proyecto unificador; o en el peor de los casos, en individualidades ensimismadas por reflejo de preservación social[25].

¡Cuidado, pues! Frente al riesgo de dictadura de una mayoría molestada en sus convicciones morales, "nadie está libre de ser minoría en su visión moral de un tema que le importa"[26]. Con todo, no queda duda que es aberrante querer reducir el tema del toro en el ruedo a un problema de moral. Al fin y al cabo, el animal no tiene derechos porque tampoco puede tener deberes. Salvo a humanizar la fiera, eventualidad sin ningún fundamento racional, el punto de vista del ser humano sobre el animal no es moral; puede ser utilitario, artístico, sentimental o incluso filosófico. De la manera más sencilla se asienta en la relación general del hombre con la naturaleza, sin ser peculiar.

---

[25] Se trata de la fase moderna del antagonismo perpetuo entre sociedad del haber y sociedad del ser desde el fin de la comunidad primitiva en el umbral de la humanidad cuya unidad se fragmentó cuando se inició la propiedad privada. En esta separación Hegel y Marx sitúan la raíz del Estado y del dinero.
[26] José Ortega y Gasset, *La rebelión de las masas*, Espasa–Calpe, Madrid, 1997.

En cambio, esa relación que se modificó con el tiempo y la ubicación geográfica, depende de valores profundamente humanos tales como los sacrificios rituales de la Antigüedad, los modos de matanza de los animales de carnicería, el trato a los que son domésticos. Uno puede tener lástima de un animal que está cazando y dejarlo huir libremente en el último instante; se puede adorar su rebaño o su corral y aun así sacrificar parte de él con ocasión de una fiesta o de alguna ceremonia. En cada caso, no interviene ninguna relación espiritual entre el animal y el humano, sino únicamente un cuestionamiento interno, a veces intenso, que se plantea en la conciencia del cazador o del pastor. En realidad, se trata de la muerte; ella atormenta a los humanos en aquellos momentos, preocupados que son por sus vidas inciertas. ¿A qué se parece esta "no vida" que nace repentinamente expulsando la "no muerte" hacia un ámbito desconocido que cautiva por su misterio? La naturaleza humana –concepto que borra las civilizaciones y las culturas del mundo entero y de todas las eras para unificar al género humano– posee un afán vital en entender la muerte. Todos sabemos por experiencia propia, cuanto atraen a los transeúntes o a los televidentes ávidos de espectáculos mórbidos, los accidentes de tráfico, los efectos de catástrofes naturales, los acontecimientos trágicos en una guerra. ¡Cuánto fascina o espanta el charco de sangre, espejo mágico para el futuro finado! Esto sin contar con el éxito de los espectáculos en los que un ser humano arriesga su vida: ahí están los espectadores, sin aliento, angustiados, pero interesados por el riesgo, por el casual accidente. Se trata de un reflejo atávico; es algo más fuerte que la voluntad.

El hombre necesita ver la muerte de cerca, palparla para sentirla. No hay que buscar más allá las razones del éxito de las corridas de toros desde siglos hasta hoy. Entonces ¿sería necesario la prohibición de la lidia para corregir tal reflejo propio al humano? Ya no se iría a la plaza de toros, pero se deleitaría uno de la sangre de las imágenes de los reportajes de la televisión sobre las guerras y, según en dónde se viva, de las escenas de violencia natural o exteriores a su entorno. ¿Tendrían los antitaurinos el secreto de la transición de nuestra vieja sociedad, tanto hermosa como terrible, a un mundo sin violencia? ¿Será la fiesta brava la que impide esta transición? No, tan inmutable es la naturaleza humana; sólo la consciencia fluctúa a pesar de eso.

Dentro de este conjunto de problemas, el cambio radical de la tauromaquia consiste en haber transformado paulatinamente un juego de circo en arte gracias a muchos protagonistas desde Pedro Romero a finales del Siglo XVIII. Para ellos, el sacrificio del toro ya no es un simple pretexto para distraer a un público ansioso de sensaciones fuertes, sino lograr dominar una fiera con movimientos rebuscados por su estética, cosa tan extraordinaria como conquistar una cumbre virgen. En su carta al público de la conferencia de Domingo Ortega, José Ortega y Gasset se atreve a calificar esa dinámica de cinemática perfecta que sólo faltaría estudiar matemáticamente. Este fenómeno artístico casi sobrenatural por la desigualdad de las fuerzas físicas presentes, en sólo lo que buscan los verdaderos aficionados.

La pareja "torero y toro" evoca además y hasta cierto punto, la dialéctica del amo y del esclavo planteada por Hegel: asumiendo riesgos, el torero somete el toro; entonces, ya no existe sino gracias a la fiera. Visto de tal modo, el sacrificio del animal libera al torero de esa dependencia. Estos dos aspectos, arte y existencia, son dignos de consideración, **pero hay que animar a los toreros a ir más adelante en la evolución de la relación del arte al toro depurando la corrida de los castigos actuales y, porque no, de la muerte; ardua búsqueda si fuere entre todas, pero ¿no será con tal esfuerzo cómo nace toda creación artística?**

Obviamente no aludo a las corridas portuguesas que me parecen muy impregnadas de hipocresía cuando prohíben que se cumpla en público la suerte de la muerte. Aunque la intención manifestada por esa decisión era loable, la verdad sigue siendo que el sufrimiento del animal perdura dos tercios del espectáculo y a pesar de su resistencia. A esto hay que añadir para los no iniciados que a la fiera no se le sacrifica de regreso al toril como lo prevé el reglamento; por razones de horario de servicio del rastro (fin de semana o noche) el animal tiene que soportar sus heridas uno o dos días, a veces tres.

No, la tauromaquia merece más que eso. Sobre todo, no hay

que fosilizar la metamorfosis iniciada hace más de dos siglos, porque la evolución es inherente a cada cosa en la sociedad como en el Universo. De oponerse tercamente a este movimiento sólo se dejaría al debate (¡al combate!) entre partidarios y opositores de las corridas un término: la pura y sencilla desaparición de esta herencia ancestral. La imaginación creativa del artista, alabada por Domingo Ortega en la conferencia que sigue, debe encontrar el camino de la renovación de la tauromaquia. **Entonces, ella será un arte puro y sólo esto**. Retomando la imagen de Hegel, el torero liberará el toro, como el amo antiguo lo hubiera hecho con su esclavo. En el coso, hoy la muerte propulsa la vida, pero mañana sobre la arena de oro, incensar la vida con la belleza del duelo propulsará al torero en la cristalina pureza del arte liberándolo.

Sí, cuando el artista de traje de luces manifieste su sabiduría ante un público fascinado por su _ballet_ sobrenatural, no será menester el sufrimiento de su pareja, y aun menos su sacrificio, para resplandecer el diestro como una estrella y prorrumpir el placer que arranca a la gente de las gradas y estalla en una estampida de sombreros, boinas y cojines.

PROPÓSITO INICIAL

Mi padre José Luis, antiguo miembro de la Peña taurina de Bayona (Francia), se volvió un hispanista emérito cuando el gobierno francés de la Liberación lo mandó, al inicio del ciclo escolar de 1945, al Liceo francés de Madrid, refugio cultural de la intelectualidad antifranquista. Esta casualidad le permitió establecer y profundizar una relación con la sociedad española hasta el punto de casarse allí. En los años 90 decidió traducir al francés un librito publicado en noviembre de 1950 por la *Revista de Occidente* fundada y dirigida en aquel entonces por el filósofo José Ortega y Gasset. El opúsculo se titula *El Arte del Toreo*[27] y su autor es el famoso torero de los años 30, 40 y principios de los 50, Domingo Ortega. Se trata del texto de la conferencia dada por este diestro que los medios llamaban entonces *el torero intelectual*, frente a un público de aficionados, entre ellos mi padre, en el Ateneo de Madrid, sala mítica de la cultura literaria y política de la capital española. Existía ya una traducción de la conferencia hecha en 1954 por el landés Pierre Sourbés para completar la biografía del torero escrita por Gustave Coderch[28], pero mi padre quería mejorarla y enriquecerla con notas. Además, en dicha traducción la carta del filósofo leída por Domingo Ortega al terminar su discurso había sido ignorado con todo el fondo teórico e histórico que la caracteriza.

Por desgracia, la salud de mi padre no le permitió acabar ese trabajo. Solo alcanzó a esbozar la traducción, así como señalar los puntos que necesitaban a su parecer algunas notas. Poco tiempo antes de su deceso, le prometí retomar su proyecto, incluso

---

[27] Domingo Ortega, *El Arte del Toreo*, Revista de Occidente, 1950, Madrid.
[28] Gustave Coderch, *Domingo Ortega*, Éditions Jean Lacoste, 1954, Mont–de–Marsan.

atreviéndome ir más allá completando la traducción con un prólogo en el que expondría mi visión de la tauromaquia, así como añadiendo más notas –pensando en los lectores que no conocen o poco la fiesta brava, sobre todo gente exterior al mundo hispano– y publicando algunos documentos en anexo con una iconografía. Pero la vida no siempre le permite a uno lograr todos sus objetivos. Así ocurrió: las obligaciones profesionales como director de instituciones escolares francesas en América Latina me hicieron retrasar progresivamente la realización de la obra hasta mi jubilación. La he reanudado pues hace pocos años. Ahora espero que el resultado sea conforme a la intención de su iniciador y también del gusto del lector.

En el texto en francés, advierto que los términos específicos de la tauromaquia no siempre se pueden traducir. Algunos suprimieron esta dificultad conservando la palabra española como es el caso en el idioma taurino del Sur de Francia desde el río Adur hasta el delta del Ródano. En cuanto a mí –el aficionado perdonará mi temeridad– he intentado encontrar soluciones específicas a estos términos "intraducibles" al francés. Mi propósito no es sustituirlos a los que la costumbre acabó por imponer, sino permitir a los lectores francohablantes no iniciados al toreo entender su significado de manera más directa que recurriendo a perífrasis. También al lector hispanohablante no advertido en tauromaquia muchas de esas explicaciones que aparecen a lo largo de la obra facilitarán el entendimiento del vocabulario específico.

En el léxico usado para comentar el mundo de las corridas de toros, dos palabras de uso frecuente merecen una explicación para esclarecer su sentido entre los lectores no iniciados a la tauromaquia porque se usan a menudo de manera incorrecta sobre todo en los países de lengua gala, pero no solamente en ellos. Las dos nombran a uno de los dos actores principales de la corrida de toros. Se trata de "toreador" y de "torero". Obviamente los dos términos llegaron a Francia provenientes de España donde tenían un trato casi equivalente hasta finales del siglo XIX. El primero, aunque ya conocido en Francia desde el Siglo XVII, fue popularizado por Prosper Mérimée y la ópera de Bizet, *Carmen*, inspirada de la obra del primero[29]. El segundo llegó un decenio más tarde, divulgado por Théophile Gautier en su relato sobre España y sus numerosos escritos sobre las fiestas taurinas de Bayona y otras ciudades del Sur de Francia[30]. ¿Quién tenía razón? En aquella época, seguramente los dos, aunque el uso del segundo tomó ventaja. Pero pocos años después, la Real Academia Española decretó que "toreador" es el que torea por afición y "torero" el que lo hace por profesión. Por fin, se pide a los francohablantes de tener cuidado en no confundir "torero" con "toreo", palabra también admitida en francés como arte

---

[29] Mérimée, Prosper; *Lettres d'Espagne*; Éditions Complexe, 1989, Paris. En esta obra, se encuentran excelentes descripciones de la España de la primera mitad del siglo XIX, así como del toreo de la época. En cuanto a la ópera "*Carmen*", todos conocen el estribillo: "Toréador, mon cœur n'est pas en or..."

[30] Gautier, Théophile; *Voyage en Espagne*, Bibliothèque Charpentier, 1904, Paris. Gautier fue un aficionado del toreo y apreció especialmente la serie de dibujos de Goya, "*La Tauromaquia*" que describió detalladamente.

del torero. Por otra parte, me tomé permiso para introducir subtítulos en el texto de Domingo Ortega que originalmente no tenía, con el fin de hacer más agradable la lectura porque nunca es fácil leer lo que fue hecho para ser oído de viva voz con el tono y los gestos del conferenciante. De la misma manera, tuve la audacia de ponerle un título a la contribución de Ortega y Gasset que estaba simplemente añadida sin más arreglo a la conferencia del torero. Espero no haber infringido así ninguna regla deontológica y, por lo contrario, haber facilitado la lectura de los dos textos para las actuales generaciones respetando cabalmente el pensamiento de sus autores.

EL ARTE Y EL ARTIFICIO[31]

El conjunto de problemas desarrollada por Domingo Ortega en su conferencia está, al fin y al cabo, relacionada con la evolución de las corridas de toros hacia siempre más comercialización del espectáculo taurino, evolución que se confirmó durante los cincuenta años posteriores a su discurso. Curiosamente, es una crítica que ya hacía en 1889 Monsieur de Frézals, ya citado, después de haber constatado que el gusto por las corridas crecía en Francia, en Portugal, en España y en América. "Pero cuando digo que el gusto va a más, no digo el gusto inteligente… Los matadores piden tarifas de cantantes, o sea, precios locos… Los toros de lidia ya sólo

---

[31] En el siglo XIII, la palabra "artificio" significaba ante todo "artimaña, engaño". En cualquier diccionario histórico de la lengua o un diccionario etimológico se encontrará la evolución de esa palabra hasta la época actual.

tienen, en general, cuatro años, y… han ido sólo una vez a la pica durante la tienta…" y añade que "los *toreadores* españoles se vuelven cada vez más comerciantes y menos artistas"[32]. Este punto de vista de un crítico taurino es exactamente lo que siente, pero como artista, Domingo Ortega en su España sesenta años después de Frézals y que explica en guisa de advertencia a los aficionados que lo escuchan. En el fondo, pero sin decirlo explícitamente, Ortega denuncia el *"show-business"* como enemigo del arte taurino y, especialmente, se apena de las modificaciones en la composición del público de las plazas de toros que implica ese fenómeno. Unos años después de esta conferencia, el cantautor francés Jean Ferrat cantaba, siempre en *"Les Belles étrangères"* que habla justamente de aquellos turistas ni iniciados ni interesados al toreo, pero que ocupaban cada vez más las gradas:

Les belles étrangères	(*Las bellas extranjeras*)
Qui vont aux corridas	(*Que a los toros van*)
Et qui se pâment d'aise	(*De gozo se sueltan*)
Devant la muleta	(*Viendo la muleta*)
Les belles étrangères	(*Las bellas extranjeras*)
Sous leur chapeau huppé	(*Con su cofia moñuda*)
Ont le teint qui s'altère	(*Altérase su tez*)
A l'heure de l'épée …/	(*En hora del estoque…/*)
…/ Les belles étrangères	(*…/ Las bellas extranjeras*)
Quand montent les clameurs	(*Cuando sube el clamor*)
Se lèvent les premières	(*Primeras se paran*)
En se tenant le cœur	(*Mano al corazón*)
Les belles étrangères	(*Las bellas extranjeras*)
Se jurent à jamais	(*Juran para siempre*)

---

[32] Frézals, G. de, *Courses au Taureau et Principes de Tauromachie*, facsímil del estudio publicado en el número de septiembre de 1889 de la « Revue Britannique » de Paris, Lacour Éditeurs, Nîmes, 1993.

De chasser Ordóñez	(*Echar a Ordóñez*)
De leurs rêves secrets …/	(*De sus sueños callados…/*)
…/ Les belles étrangères	(*…/ Las bellas extranjeras*)
Végétariennes ou pas	(*Vegetarianas o no*)
Quittent leur banc de pierre	(*Dejan su asiento*)
Au milieu du combat	(*A mitad de lidia*)
Quittent leur banc de pierre	(*Dejan su asiento*)
Au milieu du combat	(*A mitad de lidia*)

Para un mejor entendimiento de esta canción de Ferrat, hay que saber que Ordóñez era un famoso torero de los años 50 y 60. Pertenecía a la escuela clásica como Ortega, era amigo de Orson Welles e inspiró a Ernest Hemingway que conoció muy bien, la crónica biográfica "*Un verano peligroso*" que cuenta el reto taurino entre Ordóñez y su cuñado Juan Miguel Dominguín, otro famoso matador clásico cuyos amigos eran Picasso, Prévert, Simone Signoret e Yves Montand. La presencia de todos estos célebres testigos del mundo de las artes aboga también por un reconocimiento artístico del toreo.

Cuando Ortega da, en un momento dado de su conferencia, consejos a un joven torero, se dirige a un adepto del parón[33], una nueva manera de torear que empezaba a ponerse de moda en aquella época. De esas líneas se puede sacar la descripción de las dos formas de torear: la que practican los partidarios de esa inmovilización repentina del torero y la que preconiza Ortega, el método clásico. Sin embargo, Ortega no defiende el inmovilismo en materia de toreo

---

[33] *Parón*. Parada brusca del torero. Una nota posterior dará más detalles sobre este significado.

sino todo lo contrario pues explica que aún apegándose a las reglas clásicas cada torero puede enriquecer el arte del toreo con su propia búsqueda de un estilo y ser capaz de dejar su huella en la tauromaquia. Parafraseando Azorín podemos sintetizar el pensamiento de Domingo Ortega afirmando que un torero clásico es un torero perpetuamente formándose[34]. Desgraciadamente, según Ortega la joven generación de toreros se aleja cada vez más del clasicismo para practicar el parón que implica el abandono de muchas reglas antiguas.

José Luis Piquer explicaba de la manera siguiente como apareció la nueva moda a partir de sus observaciones pues su estancia en España coincidió con la expansión de dicha moda: "Durante los años cuarenta apareció una nueva generación de jóvenes toreros que, quizás por la Guerra Civil, no recibieron la formación clásica apreciada por Ortega. Un hombre genial, poco aficionado, pero dotado de un gran talento comercial, se hizo su empresario, o sea, su apoderado. Él había entendido que a esta nueva situación era necesario buscarle un nuevo método, más sencillo, sobre todo menos peligroso, pero aun capaz de darle estremecimiento a los nuevos espectadores que iban sustituyendo a los viejos aficionados en las plazas de toros, es decir: los jóvenes, las mujeres y los turistas extranjeros. Según él, la tauromaquia debía

---

[34] José Martínez Ruiz, Azorín, *Lecturas españolas,* Editorial Espasa–Calpe, Madrid, 1976. Texto de 1912 donde Azorín explica detalladamente que "un autor clásico es un autor que siempre se está formando."

cesar de ser arte para sólo ser un espectáculo por vender, una política de estrellato sostenida por una intensa publicidad, un melodrama sin los toros anteriores pesados y potentes, de patas robustas y con cuernos demasiado peligrosos[35]. Y como además no se sabe dominar a los toros corrientes, se inventa el estatuario –más tarde llamado parón– para crear la ilusión del peligro: pararse, quedarse inmóvil, petrificarse cuando el toro carga, pero tomando la precaución de ponerse de perfil dirigiendo la embestida por delante y, ya que así ocurre, entonces frotándose a la fiera después de que pasen los pitones para manchar de sangre el traje y dar de esta manera un toque más espectacular al acto. Esto permite incluso mirar el público en vez del animal –prueba involuntaria de que ya no es tan peligroso–, multiplicar luego los pases al infinito, optando por los más espectaculares. En una palabra, haciendo espectáculo, mas no arte. Algunas ganaderías únicamente preocupadas por el más alto interés económico se hicieron cómplices de esta mistificación. Las empresas de espectáculos de las regiones con menos afición a los toros, pero sobre todo las de la costa mediterránea adonde llegaban cada verano millones de turistas extranjeros, siguieron la nueva moda. "*¡Business is business!*", recalcaba mi padre sin miedo a herir su lengua materna para dar a sentir mejor su decepción. En efecto, los asuntos son los asuntos por encima de todo y no sólo en materia

---

[35] "Melodrama": obra en que se exageran los aspectos sentimentales y patéticos o narración en que abundan las emociones lacrimosas, según el "Diccionario de la Lengua española" – Vigésima segunda edición (R.A.E.)

de toros, desgraciadamente.

Pero, según José Luis, en las grandes ciudades de muy fuerte afición taurina, las otras empresas organizadoras de corridas no se dejaron imponer los toros de "modelo reducido". Entonces, en represalias, las famosas nuevas estrellas del ruedo decidieron nunca más ir a dichas plazas, dicho de otro modo, boicotearlas. Sin embargo, estos organizadores tuvieron un día que ceder, sobre todo porque que la nueva generación de aficionados se dejaba rápidamente influenciar por la moda de esas corridas espectáculos. Para concluir, a mi padre le gustaba contar una anécdota que resume perfectamente aquella evolución de la fiesta brava: "Durante mi estancia de casi diez años en Madrid, nunca pude ver a Aparicio quien era una de las grandes estrellas desde la muerte de Manolete[36] en la plaza de Linares en 1947. Pero un verano en Gijón, Asturias, tuve la oportunidad de asistir a una corrida en la que él participaba. El espectáculo de aquel día aceleró enormemente mi educación taurina y, sin él, nunca hubiera comprendido la conferencia de Domingo Ortega, pues esa vez he entendido no como un torero podía

---

[36] Manuel Rodríguez Sánchez (1917–1947). Famoso torero, uno de los fundadores del nuevo toreo criticado por Domingo Ortega. Sin embargo, enriqueció el toreo con varias nuevas figuras; pero no inventó la que lleva su nombre, la "*manoletina*" aunque la popularizó. Curiosamente, hay en España casi tantas estatuas del toro "*Islero*" que lo mató como de Manolete. Además, *Islero* ¡se vende en figurinas de adorno! ¿Débese interpretar este fenómeno como un homenaje al Toro mítico de lidia, ya que *Islero* provenía de la más famosa ganadería, los Miura, o como un tributo al toro *Islero* concreto que rechazó el nuevo toreo espectáculo e recalcó su apego al clasicismo defendido por Ortega? Lejos de los cuestionamientos, la muerte de Manolete fue un drama nacional, y hasta continental en América.

lidiar un toro, sino como un torero podía ser lidiado por un toro."

TOROS DE MISERIA

Se olvida frecuentemente que la corrida de toros representaba desde el Siglo XVIII una oportunidad de promoción económica y, por ende, de ascenso social que siempre se buscaba aun cuando sólo fuera modesto. Antes de la difusión del futbol como deporte popular en España, la corrida de toros tuvo el mismo papel de canal evacuatorio de las tensiones sociales provocadas por las enormes desigualdades que caracterizaban la sociedad ibérica desde siglos atrás hasta el fin del franquismo, especialmente en Castilla y en una Andalucía singularizada por el régimen de propiedad agrícola latifundista que concentraba todas las tierras y mantenía a los campesinos en un estatuto de peones sometidos al poder discrecional de los capataces de los inmensos latifundios. No fue por casualidad que de esas tierras haya salido la mayoría de los toreros durante tres siglos. En efecto, los muertos de hambre eran obviamente los primeros candidatos a reclutamiento del personal taurino y por supuesto los empleos de torero eran los más atractivos por la fama y el dinero que pudieran proporcionar a los que a ellos accedieran. Para ser contratado o al menos hacerse notar, cada desdichado intentaba un día buscar suerte introduciéndose clandestinamente en las ganaderías para lograr unos pases con un trapo rojo a modo de capote o de muleta. Luego, con esta pequeña experiencia práctica – siempre y cuando los guardianes no lo hubieran alcanzado o las fieras herido, incluso matado– el audaz joven, animado por la miseria familiar, saltaba espontáneamente al ruedo de una ganadería cuando la tienta de los toros o al coso improvisado en la plaza mayor de un pueblo cuyas entradas se cerraban con maderos durante las fiestas del Santo Patrón.

Un día de 1950 en Granada, José Luis, acompañado por su suegro andaluz, gozaba de un vinito regional en un bar del Sacromonte con algunas modestas tapas. El Sacromonte no era todavía, ni mucho menos, el relevante lugar turístico tan conocido hoy por sus casas trogloditas que albergan los típicos tablaos, sino sencillamente el barrio gitano. Todos conversaban con alegría como suele ser siempre en estos templos de la comunicación social que son los bares españoles, cuando de repente un hombre escuálido y alto, con la cara surcada por la quemazón solar –seguramente un peón llegado del campo próximo en aquellos tiempos de este barrio de Granada–, surgió a través de la cortina de la entrada pronunciando a voz alta una retahíla de palabras incomprensibles, se plantó delante de la barra siguiendo gritando un galimatías y, bajo la mirada estupefacta de los presentes, se cayó tieso al suelo. Mi padre, sorprendido y asombrado por tan dramática y tan rápida escena, interrogó al dueño del bar para tratar de entender lo ocurrido. La respuesta no pudo ser más clara y sintética: "Murió de hambre". Diez años después de la Guerra Civil, se moría todavía de desnutrición. Habrá que esperar una década más para que empiece el "milagro español" como se llamó el despegue económico de los años 60 durante el franquismo. Uno de los presentes en la sala dijo: "A este lo reconozco; es el que se metió de espontáneo en la corrida de Peligros durante la fiesta en enero. ¡Qué mal lo trataron los tipos que lo expulsaron! ¡Pobre hombre!".

Saltar al ruedo representaba siempre la esperanza de llamar la atención de un personaje importante organizador de corridas: un noble, un burgués o un empresario. Salvo algunos matadores hijos de pocas familias renombradas de toreros, ese trayecto fue el de la mayoría de los candidatos. El estrellato era numéricamente tan reducido como el de los cantantes, actores o futbolistas. ¿Cuántos se habrán quedado en su miseria después de haber soñado durante su juventud? Pues la gran mayoría de los aspirantes al traje de luces y a la gloria de los ruedos. Era tan fuerte la miseria y el deseo de huirla de aquellos aspirantes que, a principios del Siglo XX, apodaban sarcásticamente «capitalista[37]» al desdichado de la esperanza que saltaba espontáneamente al ruedo. En ocasiones, pero raras veces, la entrada en espontáneo al coso podía tener un propósito sin relación directa con la tauromaquia, por ejemplo, un reto[38]. En una época reciente, apenas hace dos generaciones, Domingo Ortega fue un brillante ejemplo de ese fenómeno social inducido por la fiesta brava. Hijo de un sencillo campesino de la provincia de Toledo,

---

[37] El verdadero nombre es el espontáneo.
[38] Un caso original está publicado al final de esta obra a propósito de un incidente ocurrido hace unos años.

vendía las cebollas del huerto familiar en el mercado del pueblo hasta que un día pudo participar, a sus veinte años, en los ruedos improvisados en la plaza mayor de los pueblos de la comarca, ellos mismos tan pobres que sólo podían poner a lidiar dos o tres toros en vez de los seis reglamentarios en una corrida formal. Todo esto, Jean Ferrat lo condensa en « *Les Belles étrangères* »:

Allons laissez–moi rire	(*¡No me hagan reir!*)
Quand le taureau s'avance	(*Cuando el toro carga*)
Ce n'est pas par plaisir	(*Por deleite no es*)
Que le toréro danse	(*Si el torero baila*)
C'est que l'Espagne a trop	(*Es que España tiene demasiados*)
D'enfants pour les nourrir	(*Hijos que criar*)
Qu'il faut parfois choisir	(*Y se tiene que elegir*)
La faim ou le taureau	(*El hambre o el toro*)

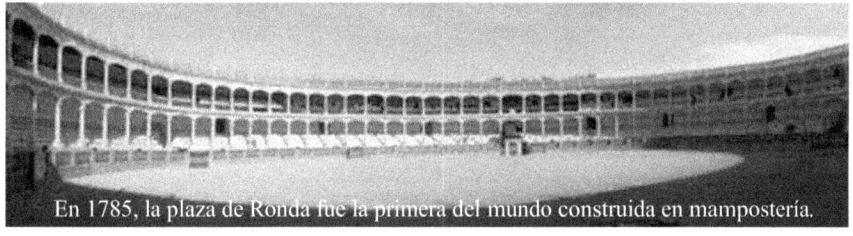

En 1785, la plaza de Ronda fue la primera del mundo construida en mampostería.

La tauromaquia, como más tarde el futbol, servía también para distraer a las masas de sus preocupaciones y de sus aspiraciones democráticas durante los regímenes dictatoriales en todo el mundo hispano-luso (Península ibérica y América) tal como lo hicieron los juegos del circo en la Roma antigua. Seguramente esto fue uno de los agentes de su perennidad con el factor socioeconómico de esperanza de ascenso social y, aún más, el acelerador de su integración a los negocios del espectáculo.

EL PRECURSOR DEL TORO DE LIDIA

Más allá de los elementos de reflexión que plantea Domingo Ortega sobre el estado de la tauromaquia en 1950, era especialmente importante dar a conocer a los lectores interesados por el debate sobre las corridas o simplemente curiosos, el texto del filósofo Ortega y Gasset que sigue al del torero Ortega en la publicación señalada. Después de la teoría tauromáquica, el distanciar histórico y el ahondar. El filósofo no era un aficionado como él mismo lo señala en preliminar, pero era un perfecto experto de su sociedad que había investigado en sus obras. Para José Ortega y Gasset, el humano tiene una substancia no natural sino histórica, su ser vive construyéndose, sólo es proyecto. Sobre este fundamento, Ortega y Gasset plantea la evolución de la tauromaquia. Esto nos devuelve al inicio del presente prólogo: de nada sirve mantenerse en el origen de nuestro pensamiento para defender un punto de vista; hay que aceptar el movimiento de cada cosa como parte intrínseca de ella misma, siempre y cuando, para proseguir con la idea del filósofo, nos quedemos fieles a la esencia de nuestro ser porque ella nos garantiza nuestra libertad. Lo más probable es que no fuera casualidad que el torero intelectual Ortega haya escogido al filósofo Ortega y Gasset como padrino de su conferencia.

¿Y si fuera un gen, el verdadero responsable del debate fratricida actual, o que sea más bien un núcleo celular constituido, o mejor aún un conjunto de células todas con ese mismo núcleo, es decir un animal, el ancestro misterioso del toro de lidia? ¡Fíjense, sin él, nada de corridas de toros! Así de sencillo sería el tema de la disputa. ¡Lástima que el rey de Prusia (entenderán por qué leyendo el texto del filósofo) no lo haya exterminado a tiempo! La guerra de trincheras que se libran los dos bandos hubiera podido llevar hasta unas conclusiones esquemáticas: nada de evolución, pues nada de toros, y entonces nada de corridas; o bien, visto del otro lado: corridas, entonces toros y por consiguiente un antepasado extraordinario que le ofrece raíces remotas a la tauromaquia en la

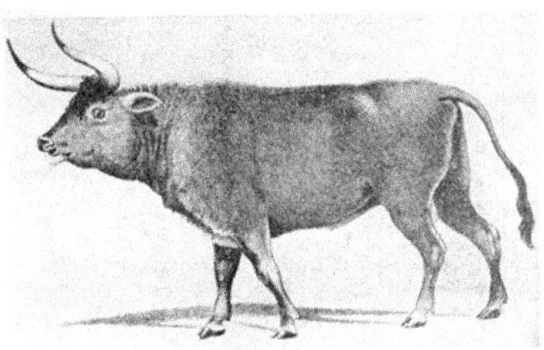

muy lejana humanidad, coronándola así con una aureola mítica, cuando no mística. En todas estas niñerías, Ortega y Gasset quiere poner orden resolviendo una vez por todas el origen del toro español del punto de vista histórico y no biológico. Incluso, el filósofo ofrece al torero Ortega el retrato del toro original: el uro que Julio César describió en sus "Comentarios", por primera vez en la historia, y nombró creando el nombre *urus* en latín.

Al propósito, la hipótesis de Ortega y Gasset según la cual esta pintura sería la que Leibniz había mandado al editor de una de las múltiples ediciones impresas de los "Comentarios" podría no tener fundamento. En efecto, la edición alemana más cercana a la fecha de la carta referenciada por Ortega y Gasset en la que Leibniz evoca la representación del uro parece ser la de Johann Georg Graevius[39] donde sí hay un dibujo del animal. Como el lector puede verlo aquí mismo, este último difiere totalmente del primero:

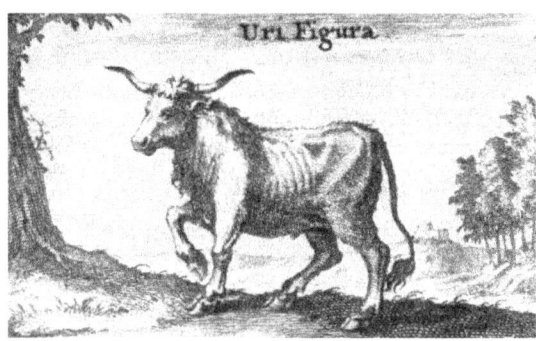

Por otra parte, no se puede confundir ninguno de los dos retratos con el dibujo mucho más tosco del barón Herberstein:

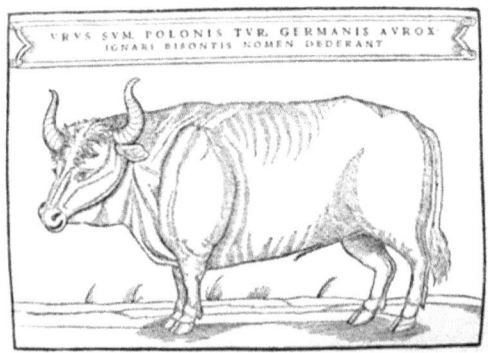

---

[39] Johann Georg Graevius (1632–1703), letrado y universitario alemán, contemporáneo de Leibniz, especialista de la Antigüedad. Fechada en 1713, la edición sería póstuma a no ser que se trate de una reedición.

Parece así mucho más razonable pensar que la primera de las tres representaciones del uro es la que Leibniz mandó para ser adjuntada a la edición de Graevius de los "Comentarios". Sin embargo, es posible que exista otra edición cercana cronológicamente a esta última y que contenga el famoso retrato cuya impresión es atribuida por Ortega y Gasset a la edición supervisada por Leibniz.

La contribución muy peculiar del filósofo a la conferencia del torero no es fortuita. Más allá del gran respeto intelectual que mutuamente se profesan las dos personalidades, existe la voluntad del filósofo de darle cartas de nobleza al arte del toreo defendido por Domingo Ortega, no obstante, sin tomar parte en la contienda entre partidarios y adversarios del clasicismo. Según él, no se puede expresar un juicio serio sobre lo que dice el torero sin tener un acercamiento global de la cuestión, lo que incluye el entendimiento del origen del fenómeno, empezando por el de su primer protagonista: el toro. Contribuye así a la intelectualización de la tauromaquia con el mismo prestigio que las celebridades del cine, de la literatura, de la música y de la pintura como Hemingway, Goya, Picasso, Bizet, Théophile Gautier, Prosper Mérimée, Yves Montand, Federico García Lorca, Albert Camus, Camilo José Cela, Gabriel García Márquez, y muchos más todavía. Orson Welles hasta hizo esparcir sus cenizas sobre las tierras españolas de la ganadería taurina de su amigo el matador Luis Miguel Dominguín. Esta entronización del toreo en el mundo de las artes no es, por cierto, un argumento a favor de la fiesta brava que la haría inviolable en su misma substancia, pero sí uno que tendría que moderar la virulencia actual de los ataques lanzados hoy contra ella con el propósito de negarle toda dignidad. De cierta manera, tanto el filósofo como los artistas dicen que el tema merece discusión y que esta debe de ser seria, digna, exenta de trivialidad. El texto de José Ortega y Gasset confiere al discurso de Domingo Ortega el aval del mundo intelectual sin, por lo tanto, juzgarlo, y lo valora situándolo como un tema del ámbito de las artes, en fin, como materia para filosofar.

DE CAPA Y ESPADA

En anexos, sin relación directa con la conferencia del torero y el texto del filósofo, pero sí con el tema de la corrida de toros, publico una traducción de dos documentos históricos sobre la tauromaquia en España a principios del Siglo XIX cuando tímidamente empezaban los primeros esbozos de reglamento taurino en las plazas a iniciativa de Pedro Romero y otros famosos toreros que dejaron huella en el toreo.

Se trata de dos artículos publicados en uno de los más importantes periódicos madrileños antes del surgimiento de la prensa moderna. La revista, el "*Semanario Pintoresco Español*" solía tratar todos los grandes temas literarios de la época que interesaban la opinión pública, sobre todo los medios intelectuales.

El semanario hablaba de todos los géneros y reflejaba especialmente el debate entre románticos y partidarios del Costumbrismo, dos movimientos nacientes en España en aquellos tiempos. En la dicha renombrada revista, se evocaba a menudo la tauromaquia bajo un punto de vista u otro, pero siempre profundizado los temas.

Sin embargo, los intelectuales estaban divididos y la prensa política o literaria se resentía por ello. La principal fractura separaba a los liberales favorables a la instauración de una constitución que limitara el poder absoluto de la monarquía, de los conservadores, ellos más bien partidarios de las estructuras políticas, sociales y económicas heredadas del viejo sistema feudal. No hay que olvidar que la burguesía española no supo imponer su revolución como lo logró la francesa a partir de 1789. Este dato histórico hará muy compleja y dolorosa la adaptación a la modernidad capitalista de España y, hasta nuestros días desgraciadamente, de sus antiguas colonias americanas.

Los dos bandos políticos se opusieron a menudo, incluso violentamente, a lo largo del siglo XIX tanto en la madre Patria como en el antiguo imperio. Solo y momentáneamente se reunieron en contra de la imposición de un monarca extranjero por Napoleón. Aunque muchos liberales pensaron sacar beneficio de las ideas novadoras inspiradas de la Francia revolucionaria importadas por el nuevo régimen de José Bonaparte, muy pronto su patriotismo enardecido por las exacciones de las tropas francesas de ocupación los unió a los conservadores en una guerra de Independencia que en América se transformaría rápidamente en guerra de secesión respecto al poder de Madrid.

Los redactores de los dos documentos publicados en anexos son justamente dos liberales, hombres de letras y de acción en el terreno político, que convenie situar en el contexto de su época, aunque brevemente y corriendo el riesgo de ser esquemático.

El primero, José Somoza, es autor de novelas y poesías de la corriente literaria que anuncia el Romanticismo, pero también se señaló por su acción contra el invasor francés primero, luego por sus contribuciones al semanario sobre los usos y costumbres de su país, temas muy de moda en la primera mitad del Siglo XIX. El segundo se llama Eugenio de Tapia y vivió el mismo período histórico que el anterior. También combatió las tropas napoleónicas y el trono de José Bonaparte. En el ámbito literario, su personalidad era opuesta a la del primero: estaba en contra del Romanticismo y preconizaba el Costumbrismo que relataba sin analizarlas, contrariamente al Realismo, las costumbres sociales. Justamente fue un gran amigo del guía de esa corriente literaria, Ramón de Mesonero Romanos[40], liberal como él al principio de su carrera y fundador del semanario

---

[40] Ramón de Mesonero Romanos (1803 – 1882), escritor del costumbrismo y académico español, autor de numerosas obras en las que trata de sus viajes en Europa y de los usos y costumbres de España y de Madrid especialmente. Acabó siendo muy conservador en la segunda mitad de su vida.

que donde fue publicado el artículo.

Más allá del tema taurino en sí de los dos textos, las personalidades literarias distintas de estos dos escritores proporcionan más fuerza a sus testimonios recíprocos.

El romántico cuenta una anécdota centrada sobre el debate (¡ya entonces!) entre partidarios y enemigos de las corridas y sobre las fuertes emociones que invaden al joven Pedro Romero cuando queda atormentado entre su amor fraterno y su instinto de sobrevivencia en una situación de las más dramáticas, típica de las que gozan los románticos. José Somoza quiere con esto demostrar que el toreo puede desarrollar valores morales elevados en quienes lo practican contrariamente a lo que pretendían los oponentes en su época considerando sin moralidad ese espectáculo. Este texto dará pues más satisfacción a los partidarios del toreo, aunque claramente esté señalado en la conclusión que el público contemporáneo iba a buscar en las plazas de toros muchas más sensaciones fuertes que gustos artísticos por las razones desarrolladas anteriormente.

Por su parte, el partidario del Costumbrismo[41] describe con sus pormenores el espectáculo nacional que es la corrida a la que asiste en Madrid y, aludiendo a otras lidias pasadas, establece un cuadro completo de esa actividad que, según mi criterio, era difícil hasta aquella época calificar de arte taurino. Eso no quiere decir que

---

[41] Género literario caracterizado por el interés dado a los usos y costumbres.

Eugenio de Tapia no tuviera opinión o sentimientos, sino que era un aficionado crítico. El cuadro que pinta alegrará sin duda a los opositores del toreo. Escogió la forma de un poema de arte menor en versos hexasílabos como modo literario de descripción. Esto no es por casualidad; se trataba de un tipo de poesías muy popular desde siglos atrás que se declamaba en público durante las fiestas o las veladas para contar generalmente las hazañas o los amores de un héroe, o un acontecimiento transcendente. El poema contiene dos partes muy distintas. La primera relata la corrida a la que acaba de asistir el autor. Los versos hexasílabos y las rimas asonantes de palabras agudas sólo en "i" de los versos pares crean un ritmo rápido y casi alegre que, por contraste con la gravedad de lo que están describiendo, ponen más en relieve la crueldad del espectáculo volviéndola insoportable. La segunda parte es una relación más general del toreo en España. Se pasa pues de la anécdota al análisis. El autor cambia de tono reemplazando simplemente el acento tónico agudo del "i" por uno grave con "a" siempre en palabras agudas que intensifican más el tono. Así, los mismos versos hexasílabos ponen ahora la lectura en un registro dramático directo. Ya no se nota la ligereza de un horrible espectáculo, sino la gravedad de una horrible costumbre. Este tipo de poema era entonces un medio para alcanzar, allende los intelectuales y la gente letrada, a la mayoría analfabeta de aquella época sin dejar de conferir un aire solemne al tremendo relato; cosa que aumentaba su fuerza comunicativa. Los versos de la segunda y más larga parte, desgranándose tal una requisitoria, preparan idóneamente la conclusión del autor: van a situar el final en un nivel tan superior a cualquier apreciación técnica sobre el espectáculo que parecerá un fallo emitido por una sabiduría fuera de lo común como lo exigía la tradición de la comedia española; y esto para la mayor felicidad del auditorio popular, sobre todo si tomaba un tono humorístico como es el caso aquí. Los que conocen los dibujos de Goya sobre la tauromaquia casi oirán leyendo en voz alta este largo artículo poema, lo que podría ser la cinta sonora de las escenas bocetadas con un sorprendente realismo por el pintor aficionado al toreo.

Me pareció que estos dos artículos del semanario literario madrileño completarían perfectamente la conferencia del torero intelectual Domingo Ortega, la contribución del filósofo José Ortega y Gasset e ilustrarían mi propósito. Más allá de su función primera de testimonios sobre el estado de la tauromaquia de su época, referencia al clasicismo del arte del toreo para Domingo Ortega, estos dos textos señalan tres cosas : primero, entre los verdaderos aficionados siempre hubo personalidades abiertas a los cuestionamientos morales planteados por las corridas cosa que algunos niegan; después, consecuentemente a este punto, no es justo transferir el peso de las crueldades pasadas a los defensores del arte taurino; por fin, se puede hoy, como en aquella época relativamente cercana a nosotros, proseguir la reflexión interna del bando favorable a la fiesta brava, sobre lo que permanece de violencia inútil en la lidia para que el duelo sea definitivamente leal.

Este último comentario subraya el punto débil actual de la

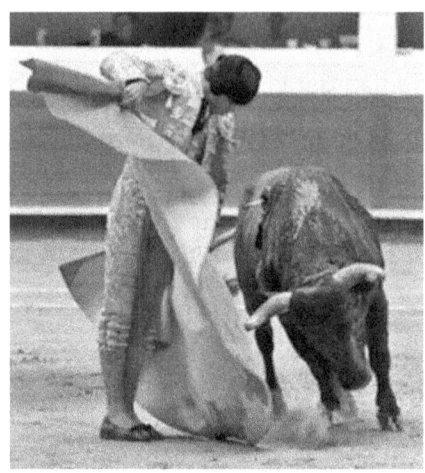

tauromaquia que permite a demasiados empresarios u organizadores de corridas sin escrúpulos armar espectáculos taurinos en los que la crueldad es de nuevo puesta de moda para alimentar el placer mórbido de una gran parte del público no educada al verdadero arte del toreo. Son evidentes los intereses financieros en tal descarrío que, salvo los perros, nos vuelve a hundir en el espectáculo y el ambiente que tanto habían repugnado a Eugenio de Tapia, incluso hasta renunciar simbólicamente a su patria. En efecto, cuando uno recorre los sitios de los grupos antitaurinos, le llama primero la atención el tono generalmente violento, provocador y sectario que no deja ninguna oportunidad al diálogo; y luego el cumulo de imágenes de una realidad sangrienta que, claro, no se puede sino desaprobar aun siendo aficionado.

Es evidente que esos grupos están impresionados con razón por escenas sacadas de esa tauromaquia de mercado primario. Por lo que los verdaderos amantes del toreo deben desmarcarse claramente de la lidia espectáculo que no es sino una reminiscencia lucrativa de los juegos del circo, rechazándolo también y persiguiendo la reflexión sobre la evolución necesaria del toreo. Si realmente la tauromaquia es un arte entonces, como en las demás, tiene que haber maestros, aspirantes a serlo o a acercarse a ellos, aunque de lejos, pero no mediocres abusones. La alusión no concierne sólo a los toreros sino también a todos los protagonistas del mundo tauromáquico desde el ganadero hasta el peón, pasando por el empresario y los empleados de las plazas.

Una señal esperanzadora en ese sentido es dada por los mismos ganaderos pues se ha entablado una reflexión con organizadores de corridas y toreros buscando que algunas modificaciones reglamentarias vengan a la vez a hacer retroceder más el sufrimiento del animal y a mejorar la calidad de la actuación del torero para la máxima satisfacción de los verdaderos aficionados. Se trataría especialmente en el primer tercio de la corrida de volver a definir la suerte de varas estimada por muchos ganaderos y aficionados demasiada brutal, muchas veces insoportable para el toro y esto en perjuicio del arte en las faenas del diestro durante los siguientes tercios[42].

El tercero y último documento publicado en anexos trata de una anécdota ocurrida en los años 1980 que ejemplifica un papel inesperado del toreo: la exaltación de la lucha política a favor de la democracia. Aunque muy brevemente relatado porque el hecho es literalmente anecdótico, me pareció interesante presentarlo por lo que demuestra de integración de la tauromaquia a la sociedad española. El joven héroe de aquella tarde es un espontáneo como los que ya hemos evocado, pero él no tiene hambre, no busca ser torero. Su golpe de brillo es de haber lidiado no el toro que le arremetía, sino a los que intentaron unos meses antes un pronunciamiento nostálgico de la dictadura franquista en contra de la joven democracia española.

---

[42] Se puede considerar las faenas como la manifestación del arte del torero, su obra efímera. Ver el sitio web de la Asociación europea de ganaderos de toros de lidia: http://www.ganaderoslidia.com Para evitar las heridas ilegales o exageradas provocadas por la puya, esta tiene desde 1962 un tope, la cruceta, que impide la penetración exagerada del hierro cuando el toro carga contra el caballo. Se estudia de sustituir este castigo por un tipo de rejón gracias a la modificación de la garrocha. Este sitio tiene también interés porque, además de los temas de la crianza del ganado taurino y de la lidia, toca a todas las áreas del arte, desde la música hasta la pintura pasando por el cine y muchos otros más sectores relacionados con la tauromaquia y sus efectos en la sociedad contemporánea. El sitio también se interesa a los aspectos históricos de la lidia, así como a la evolución biológica del toro y su recorrido a través todas las civilizaciones de Europa, África, Asia y, por fin, de España.

PARA NO CONCLUIR

Le queda ahora al lector interesado por el fenómeno social, histórico y artístico que es la tauromaquia, forjarse su opinión según su sensibilidad. ¡Pueda esta modesta iniciativa aportar elementos de reflexión propicios a serenar el debate actual porque demuestra que no se puede por decreto borrar una componente vivaz de la personalidad popular y de la cultura! Claro es que la ley puede cambiar el mundo cuando es verdaderamente aplicada, pero es, primero y ante todo, el fruto maduro de las realidades humanas. Esta maduración es la evolución. ¿Se habrán notado que las peleas antes organizadas y que la ley ha prohibido (desgraciadamente no en todas partes) eran aquellas en las que se afrontaban animales como las de perros o las de gallos? En ellas, el afán de lucro y la crueldad eran de una evidencia irrefutable, eran mercancía vendida por un espectáculo únicamente motivado por las apuestas que en él se hacían. No se puede reducir el toreo a tal bajeza.

Los textos del torero y del filósofo que siguen este prólogo reflejan la evolución de la tauromaquia en un momento en que España, templo de este arte, pronto iba a entrar en la era del desarrollo económico moderno. Su nueva presentación comentada setenta años después de la conferencia no refleja una postura partidaria en un debate de referéndum que además no tiene por qué ser, sino demostrar que en el bando de la fiesta brava hay aficionados que intentan, reflexionando profundamente sobre el arte taurino y sin perder la quintaesencia de la tauromaquia, asumir la herencia del torero y del filósofo como factor dinámico de la transformación lenta, pero insoslayable, del toreo.

En tauromaquia, es crucial ir adelante sin temor a plantear dudas porque, como decía Ortega y Gasset, "Nuestras convicciones más arraigadas, más indubitables, son las más sospechosas. Ellas constituyen nuestro límite, nuestros confines, nuestra prisión". Cualquier arte tiene su propia evolución; si el toreo es arte, entonces no puede sustraerse a la suya. Se espera de ella un salto cualitativo tan fuerte como el cambio del Realismo al Impresionismo o al Cubismo en el ámbito de la pintura. De esto es que se trata: repudiar el dolor real para puntear la cinemática de la que habla Ortega y Gasset en su carta y, de esa forma, sublimar la vida por la impresión intensa de un sacrificio ritual depurado hasta que se condense únicamente la esencia de la relación del hombre al animal, la valentía y el miedo frente al furor de sobrevivir, la emancipación del maestro y del esclavo.

En este punto, el lector preguntará ¿cómo sería una corrida de toros sin las suertes de varas, banderillas, y muerte? Demasiado pretensioso fuera yo si me atreviera a responder tal pregunta. Solo lo podrán hacer de forma detallada los mismos profesionales, tanto los de las ganaderías como los de las plazas. Y en ese congreso indispensable del rescate de la tauromaquia, los artistas de traje de luces serán los que concluyan porque sólo ellos harán prosperar el arte renovado sobre la arena resplandeciente siglos más.

Sin embargo, se puede atrever uno a sugerir esbozos para profundizar. Seguramente habrá que conservar la partición en tercios: el primero para evaluar, captar y canalizar la energía de la fiera que más o menos es lo que hoy se hace con el tercio de varas y parte del de banderillas; el segundo para cansar al toro, como también hoy las banderillas y el capote, hasta un nivel que decida la presidencia; el tercero para que el matador, nombre que se tendrá que cambiar por algo así como *libertador*, someta definitivamente al animal. Hasta aquí, poco se modificaría la corrida. El cambio se concretaría con los medios usados para lograr esas metas. La garrocha del picador en vez de herir serviría para medir la fuerza de carga contra el caballo con una sencilla tecnología electrónica integrada a una puya retráctil y cuyo resultado podría incluso aparecer en una pantalla delante del presidente o frente al público para que también la conozcan los toreros. Esto no disminuiría para el diestro ni para el presidente su observación directa de la puja del toro contra el caballo, sino que la completaría. Por supuesto, se mantienen los lances pues el capote es elemento fundamental para el arte según Ortega. En el segundo tercio entraría en el ruedo un rejoneador, o dos, pero sin rejón[43], para con sus corridas cansar al toro so pretexto de quitarle o ponerle, mas no clavarle, una o más

---

[43] El rejón es un tipo de banderilla que el jinete clava al toro en las corridas de toreo a caballo, siendo el último un asta de madera larga con punta de acero utilizada para la suerte de muerte.

escarapelas sobre el morrillo o los pitones. En este tercio, como ahora, el maestro trazaría con el capote sus mejores lances cincelando su obra cinemática en el espacio cónico de la plaza que la trasciende hasta hacerla celestial. En estos dos tercios también podrían intervenir otros actores como un recortador al estilo de Paquiro, pero cuidando jamás caer en la "corrida cómica" denunciada por Ortega. Por fin, el último tercio, ya no de muerte sino de liberación, seguiría siendo la fase en la que el diestro impulsa su arte hacia la cumbre con pases de muleta cada vez más rebuscados y hermosos hasta someter totalmente a la fiera, punto que los aficionados saben detectar, mejor aún el presidente y todavía mucho más el mismo artista. Durante esta última fase y después de haber sido dignamente alzado frente al público como una ofrenda a la vida y al arte del toreo, el estoque podría mantenerse presente bajo la muleta como vínculo simbólico entre las raíces históricas y la nueva era de la tauromaquia.

Volviendo a la dialéctica hegeliana del amo y del esclavo – pero exceptuando el hecho que el toro no se puede comparar al segundo pues no tiene conciencia de esa relación–, podemos considerar que el torero no alcanzará la plenitud de su ser como artista porque todo se lo debe a la fiera, obligándolo a matarla para librarse de esa dependencia y a volver intentarlo de nuevo durante toda su carrera. Siendo así, tiene siempre que resignarse en desatender algo inconcluso en lo más profundo de su ser.

En el toreo renovado, el diestro se librará de esta sujeción sometiendo al toro ya no para su sacrificio, a semejanza de las inmolaciones de la Antigüedad, sino para su liberación. Al no tener ya que enfrentar el riesgo inherente a la estocada del último tercio actual, el maestro recobrará en efecto, a pesar de los demás peligros, la máxima libertad de sus facultades creativas, durante toda la corrida, para lograr concluir y pulir por fin su obra de arte dinámico. Entonces, el dominio del amo sobre el esclavo se borrará a favor de una auténtica alianza, fogosa y leal, para entonar un himno a la belleza, al coraje y al arrojo, a la vida, a la reconciliación de la Humanidad y la Naturaleza. El toreo reconstruido –para subrayar el cambio, se podría llamar a la fiesta taurina: *corrida libertadora*– testificará del respeto del Hombre a la Biosfera, como lo hace el alpinismo, entre otros, con la Geosfera. Esta fiesta representará una señal sumamente fuerte del cambio de mentalidades frente a la urgencia medioambiental.

El vínculo del ser humano con el toro de lidia será comparable al que establece en la doma de un caballo salvaje, luego durante su entrenamiento para las carreras, el salto, el polo, la excursión o el trabajo. El trato para con el animal, bravo o doméstico, puede matizarse de sensibilidad, pero encasquetar sentimientos al toro es imposible y pretenderlo expresaría un rechazo a la naturaleza misma del animal, en este caso su predisposición al combate, en aquel su aptitud a la carrera, en otro su capacidad a olfatear, etc. Esa pretensión de humanizar la bestia para abastecer el frente antitaurino con reflejos antropocéntricos, haría olvidar rápidamente que el ser humano, por lo contrario, es un animal como nos lo recuerda Montaigne en los *Ensayos* donde afirma que "hay más diferencias entre tal hombre y tal hombre que entre tal hombre y tal animal.[44]" Defender la tauromaquia logrando su transformación humanista – mas no humana – implica una buena comprehensión de la verdadera naturaleza de la ofensiva que tiene que soportar, especialmente en este punto de la relación al toro. "Ese afán en humanizar el animal es también una forma de *desanimalizar* al hombre…[45]" y así atribuirles sentimientos a las bestias para embadurnar las conciencias ciudadanas con una sensiblería desmesurada. La única defensa consiste en abrir una nueva etapa de la evolución de la tauromaquia en torno a un solo concepto: el arte del toreo. En pocas palabras: si hoy el toro percibe dolor con los castigos reglamentarios, mañana, en la nueva corrida, afrontará en lid leal a un artista con temple[46] que resaltará sólo las cualidades genuinas de la fiera –estética de la morfología, rapidez, fuerza y bravura– para enaltecer la vida.

---

[44] Citado por Sylvia Giocanti, *Montaigne et les bêtes, la bêtise et l'animal.* Ver las referencias al final de la obra.
[45] Luc Le Vaillant, *On n'est pas des bêtes ? Ben si, encore un peu.* Ver réf al final.
[46] Temple: fortaleza enérgica y valentía serena para afrontar dificultad y riesgo.

El maestro Ortega no podía concebir todavía, cuando discurría sobre el arte del toreo ante el público del Ateneo de Madrid, tal desarrollo de la evolución histórica de la tauromaquia que con tanta pasión tan bien describe. En cambio, su discurso demuestra perfectamente que la meta de la lidia en el ruedo es mucho más que el sacrificio de la fiera quedando este sólo como el punto final, la firma de cierta manera, sobre una creación dinámica cumplida a lo largo de la actuación del artista ante los ojos de los espectadores. ¡Qué más difícil existe en arte sino crear observado por miles de miradas exigentes y con la complicidad de un toro bravo! Considérese la perspectiva de evolución anteriormente esbozada sólo como una trama en la que falta ribetear con delicadeza tal como lo hiciera la bordadora en la suya detallando los adornos, pero en la que se siente que los conceptos de Domingo Ortega sobre el arte de construir la relación del hombre a la fiera perdurarán y favorecerán, como él lo repite, una infinidad de posibilidades de movimientos peculiares de cada artista, profundizando así la cinemática que Ortega y Gasset lamentaba en su texto que no fuera ya estudiada.

En este proceso de cambios aparecerá sin embargo una incógnita económica: ¿y el animal después? Obviamente la corrida de toros transformada llevará a los ganaderos a reflexionar de nuevo sobre la naturaleza misma de sus funciones. En efecto, el destino del toro cuando termine la fiesta dependerá de la propia evolución de las ganaderías, primero en sus políticas de selección genética –lo que supone que un toro excepcional se convierta en semental como ya es el caso actualmente, pero quizá volviendo a precisar más el genoma para resaltar mejor sólo las cualidades vinculadas con la coreografía de la pareja torero/toro–, y luego en sus políticas comerciales en el mercado ya existente del consumo de este tipo de carne y pieles. En cambio, y aunque tenga que ser resuelta, esta problemática será secundaria con relación a la supervivencia de la fiesta brava renovada.

De obstinarse a no querer cumplir con la evolución necesaria de la tauromaquia, llegará de manera imparable el momento de su desaparición por decreto y, justo antes, la hora del pesimismo tan temido por otro premio Nobel de la lengua de Cervantes, Gabriel García Márquez. Él mismo aficionado, agobiado por la lucha estéril que mantienen los taurusenemigos, soltó un día que valía más el suicidio del toreo que su infame condena: "Si la Tauromaquia está destinada a morir, quisiera verla morir con honor y como se merece, cuando los Taurófilos dejemos de ir a las plazas, y no cuando alguien ajeno me lo quiera imponer."[47]

El desorden y el ajetreo de las ideas que se cruzan, se recruzan o se entrechocan alrededor del núcleo central del toreo, o

---

[47] Citado por muy numerosas fuentes, libros, revistas, sitios Web especializados o no entre los cuales él del Senado de la República de Colombia, pero sin nunca precisar las circunstancias de esta declaración del escritor.

sea, del toro, podrían un día, tal como los electrones del átomo, ser controlados por un orbital[48] ya definido entre todos los protagonistas del estéril combate de trincheras actual. Él se transformaría entonces en un verdadero debate. En dicha búsqueda, esta obra pretende ser una modesta contribución, una incitación a la adaptación deseable y positiva del toreo para que viva la Tauromaquia.

---

[48] Orbital: función matemática que expresa la probabilidad de presencia de los electrones alrededor del núcleo atómico en cada nivel de energía

"Lluvia de toros", cuadro de GOYA, 1827, Museo du Prado

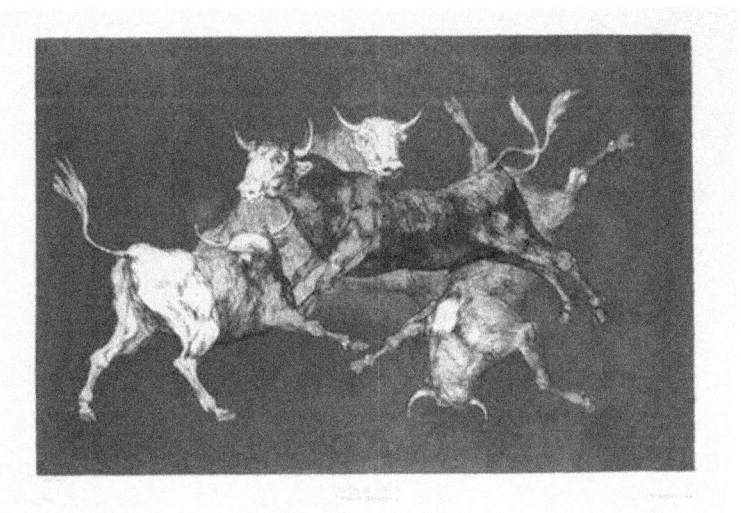

EL ARTE DEL TOREO

Conferencia dada en el Ateneo de Madrid
el 29 de marzo de 1950 por

DOMINGO ORTEGA

Texto publicado en la *Revista de Occidente*
Madrid, 17 de noviembre de 1950

Notas de José-Luis & Henri Piquer

Subtítulos de Henri Piquer

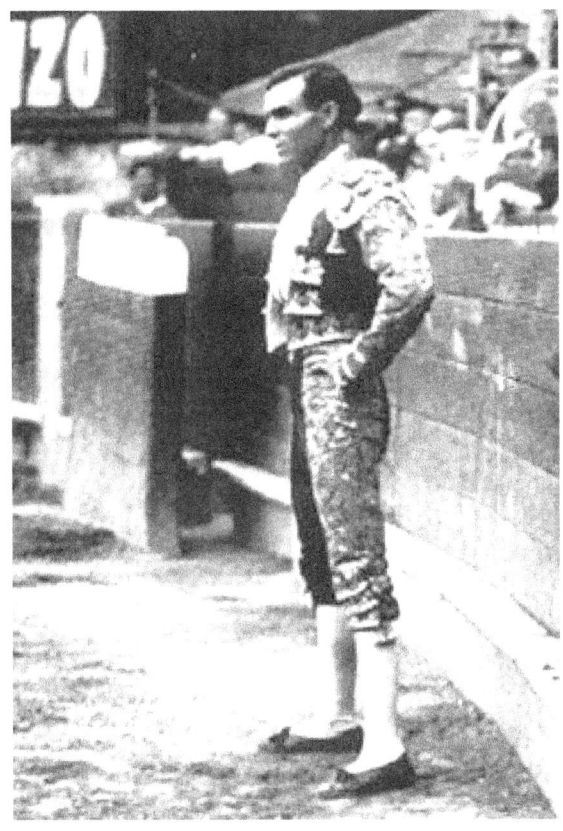

Domingo ORTEGA en los años 40.

Domingo Ortega (Borox, Toledo, 1908 – Madrid, 1988) fue un torero español conocido por su activa defensa del clasicismo en tauromaquia. De origen campesina pobre, alcanzó la fama en los años 30 y 40. A principios de los 50, habiéndose retirado de los ruedos, se relacionó con los medios intelectuales en torno al tema del arte taurino que lo apasionó hasta el final de su vida, lo que le valió su apodado "el torero intelectual". Interpretó el papel del personaje principal en la película de Ladislao Vajda "*Tarde de toros*" (1956), drama sentimental en el ambiente de las corridas, y también participó en varios cortometrajes documentales.

Se puede consultar los más relevante de su biografía en:

http://www.ganaderoslidia.com/webroot/domingo_ortega.htm

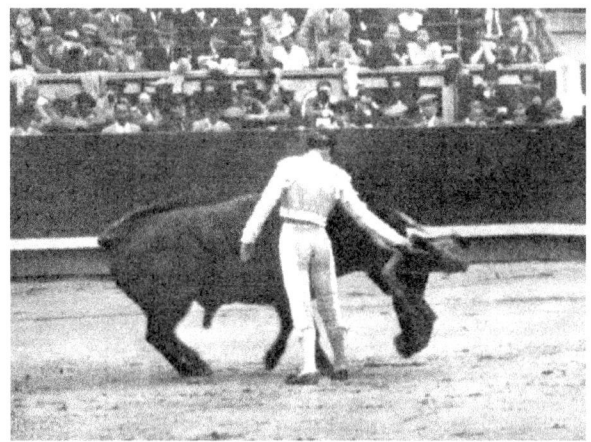

Domingo Ortega en un pase de muleta (*Mundo Gráfico*, junio 1936)

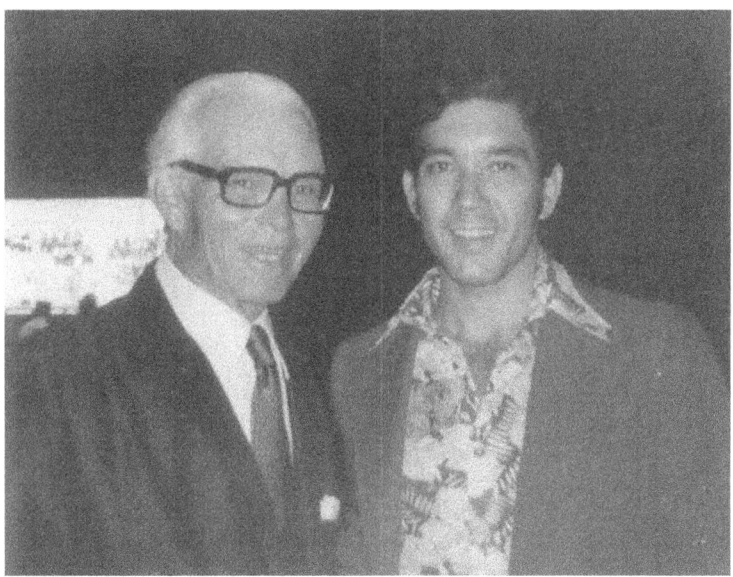

Domingo Ortega con Miguel Ángel Martínez "*El Zapopan*", torero mexicano creador de la *Zapopina* (esta y el apodo vienen de "Zapopan", nombre de la ciudad de donde él es oriundo), que es un muy bello y complejo lance de capote, extremadamente elaborado.

Señoras, señores:

A requerimiento de Pedro Rocamora[49], vengo a dar esta conferencia sobre las normas clásicas en el arte del toreo. Bien sabe Dios que nunca pensé echarme en esta plaza de espontáneo[50]; pero tampoco a los ruedos de la plazas de toros suele uno tirarse por su propio impulso; son muchas las circunstancias que le empujan y,

---

[49] Pedro Rocamora: Escritor español de la primera mitad del siglo XX, Premio nacional de literatura en 1949, corresponsal del periódico ABC en París y presidente del Ateneo de Madrid de 1949 a 1951 en donde hizo esta conferencia Ortega.

[50] *Espontáneo*. Es aquel que salta al ruedo sin pedir permiso durante una corrida de toros para llamar la atención. En efecto, a veces ocurría, sobre todo en las ciudades importantes, que un joven sentado en el tendido saltara a la arena armado de una muleta. Aun sabiendo que pagará caro su atrevimiento (multa, cárcel, paliza hasta hace unas décadas) y no teniendo ningún apoyo social, no encontró otro modo para dar a conocer sus habilidades de torero. Lo hacía poco después de que irrumpa el toro que le pareció más adecuado para él. Como no tuvieron todavía los peones el tiempo de preparar el toro para la suerte de varas y que todavía lo temen un poco, el espontáneo puede entonces acercarse a la fiera y, si tiene suerte, puede lograr hacer dos o tres pases antes de que el personal de la plaza lo agarre y lo entregue a la guardia civil. Puede ocurrir que el motivo de actuar como espontáneo sea muy diferente, tal como el que cuenta el último documento publicado.

87

entre ellas, es quizá la más importante los amigos. Dándome cuenta de lo que este ciclo de conferencias puede representar para el arte del toreo, le doy las gracias en nombre de mis compañeros y en el mío propio, y al mismo tiempo les pido a ustedes perdón por este atrevimiento. Es muy posible que, un día no muy lejano, un torero con una buena preparación literaria se haga entender por ustedes mejor que voy a hacerlo yo por medio de estas cuartillas.

UN ARTE COMPLEJO Y JOVEN

El arte del toreo[51] es una cosa muy compleja; digo compleja, porque cada uno lo ve de manera distinta; por lo tanto, yo trataré de hacer un esbozo del arte, tal como lo he visto a través de mis veinte años de profesión y veinticinco de aficionado.

Ustedes comprenderán que mi punto de vista tiene que ser diferente del de el señor que se sienta en un tendido para registrar, como si fuera una máquina fotográfica, las imágenes que pasan por su campo visual y en el momento regocijarse o disgustarse con ellas. Posiblemente éste sería el ideal de la fiesta; pero si solamente

---

[51] Para los neófitos es importante precisar algunas palabras para mejor entendimiento de la conferencia y demás textos en este libro. Toreo, según la Real Academia, es la acción de torear, es decir, lo que hace el torero para lidiar el toro, por lo que no hay que confundirlo con tauromaquia que denomina al mero arte de torear. Por eso Domingo Ortega utiliza como equivalentes, "tauromaquia" y "arte del toreo". "Estoque" no tiene filo pues sólo hierre o mata con la punta; "lance" (pase de capote) y" pase" (con muleta). Las demás palabras, salvo las técnicas, son conocidas de los hispanohablantes (peón, matador, garrocha, banderilla, etc.)

consideramos este aspecto, caeremos en una cosa pobre y, lo que es peor, peligrosa para el arte del toreo.

Tenemos que partir de que es un arte muy joven, en relación con las demás artes, pues mientras éstas han alcanzado tal definición hace miles de años, nosotros llevamos, total... cuatro días[52].

Se han escrito muchos libros de toros, y no digamos artículos en revistas y diarios; pero considerando aparte la magnífica enciclopedia de José María de Cossío, todo, o casi todo lo que se ha escrito es apasionado y, por lo tanto, negativo para un arte que, como tal, está empezando.

El libro del arte del toreo está haciendo falta. Creo dificilísimo que aparezca, por ser muy pocos los hombres capacitados para escribirlo. A mi modo de ver, sólo dos tipos de hombre podrían realizarlo : el primero, un gran filósofo que sienta el arte de la fiesta nacional[53], y no creo que reúna esta condición[54] más que don José Ortega y Gasset que, desgraciadamente, no tendrá tiempo de hacerlo por sus muchas ocupaciones intelectuales; el otro podría ser un matador de toros, y digo podría porque esto es todavía

---

[52] Alusión humorística al inicio de su ciclo de conferencias subrayando también cuan poco tiempo representa el siglo y medio transcurrido desde la primera reglamentación taurina en comparación con la edad de las otras artes.

[53] Fiesta o fiesta nacional como dicho en otras líneas. Subrayo esta expresión porque su existencia desde el siglo XIX comprueba por sí sola que la tauromaquia está profundamente enraizada en la personalidad sociocultural del país.

[54] El texto original dice: "estás dos condiciones". Pero como sólo una está indicada me atreví a poner el singular.

más difícil; si podía escribir el libro, es decir, si estaba preparado para el arte de las letras, sería casi imposible que hubiese tenido tiempo para calar en lo profundo del arte del toreo; por lo tanto, tenemos que resignarnos a que corra el tiempo y esperar a ver si un día surge en el toreo un hombre del Renacimiento.

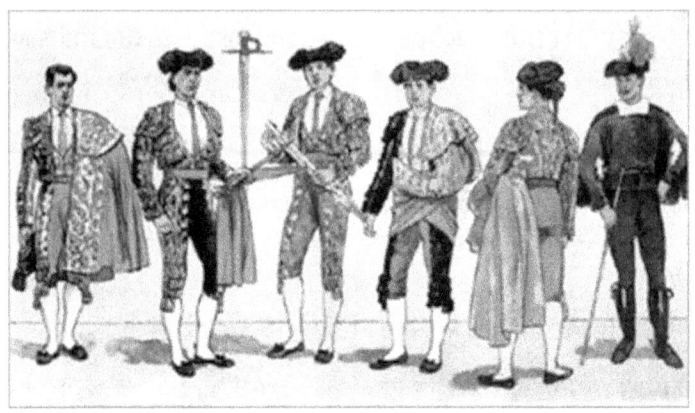

Vestimenta de toreros, banderilleros, alguacil, del Siglo XIX.

Decíamos anteriormente que quizá lo bueno sería ver las suertes[55] de la fiesta en un aspecto exclusivamente visual; pero esto no es suficiente porque tenemos delante de nosotros a un animal al que hay que someter y reducir y, por lo tanto, es necesario ir a una fórmula no sólo de estética personal del artista, sino también de estética con relación a la eficacia sobre el animal. Porque no hay que olvidar que no se trata de un *ballet* en que conseguida la estética

---

[55] *Suerte.* Para el desinteresado a los toros, la palabra puede ser ambigua. Vale, pues, recordar que tiene muchos sentidos según la Real Academia Española. En lo que interesa nuestro tema quiere decir: la manera de hacer algo. De ahí que se llame suerte a cualquier pase o lance del torero y también a cada tercio o fase de una corrida.

visual está logrado todo, sino que el toreo tiene un fin determinado y que una estética visual en su caso, si no lleva consigo la eficacia que produce el bien hacer el arte, será negativa aun cuando cuente con el aplauso de muchos de los espectadores.

DAR PASES NO ES TOREAR

Ustedes, aficionados, a poco que recuerden, habrán visto muchas veces en las corridas de toros faenas[56] de veinte, treinta, cuarenta pases, y el toro cada vez más entero o, por lo menos, lo mismo que cuando empezó, y a la hora de matar estar el torero pegado a las tablas y pinchar en hueso o, si tiene mucha suerte, atravesar el toro.

Cuando esto ocurre, hay que ponerse en guardia y pensar que algo raro está pasando: ¿Cómo es posible que con esa cantidad de pases que fueron aparentemente bellos para gran parte del público, el toro no se haya sometido? La respuesta es muy sencilla: Lo que ha ocurrido es que el torero ha estado dando pases, y dar pases no es lo mismo que torear. Puede un torero tenerle miedo a un toro, esto es humano; pero si le ha dado veinte o treinta pases, quiere decir que el miedo se le ha olvidado y, en ese caso, si no ha reducido, si no ha sometido al toro, es porque no ha practicado el gusto de bien hacer, que es un placer al cual hasta la fieras se entregan.

---

[56] Conjunto de los pases del torero en una fase de su toreo. De cierto modo, recoge el sentido común de trabajo realizado, sentido menos acorde al arte.

Es muy curioso oír a los aficionados lamentarse sobre el estado actual de la fiesta, y yo les diría: Pero ¿cómo pueden ustedes sorprenderse de esto? ¿Es que creen que esta situación ha surgido por ley espontánea? No, señores, ha tenido su proceso y ustedes han tenido gran culpa de ello; digo gran culpa, porque no sería justo echársela toda. Bien es verdad que no sé si hoy existen aficionados y, si existen, se han dejado arrollar por la masa, seguramente porque la vida tiene problemas más importantes que la afición a los toros, aun para los más apasionados[57]. Ahora bien: no es de hoy tampoco de cuando parte este error, según mi modo de ver, sino de hace treinta o cuarenta años.

Considero culpables a los aficionados porque no han sido consecuentes en sus convicciones, probablemente porque han sido partidarios de las personalidades de los toreros, pero nunca, o casi nunca, conscientes de las buenas normas de practicar el arte; de no haber sido así, con los malos ratos que han pasado y el dinero que a muchos les costó esta afición, posiblemente no se hubiesen abandonado las normas del bien hacer el toreo. A ver si me explico, para que ustedes me entiendan, aunque no cite nombres cuando me refiero a toreros de este siglo.

_____

[57] En 1950, las consecuencias económicas y sociales de la Guerra Civil no habían desaparecido todavía. El llamado "*milagro económico*" español tardará unos cuantos años más en producirse.

Ahora sólo nos interesan las normas y no nos importa si Pedro fue mejor o peor que Antonio. Ha habido aficionados partidarios de un torero determinado, pongamos X. Era éste un torero de normas clásicas, de formación rondeña[58], con templanza, con cargazón en la suerte, con lentitud[59]. Pues en cuanto X se retiró de los toros, se hicieron partidarios de Z que era un torero completamente distinto, no ya en la personalidad, sino en la forma y en las reglas; y aquí pondría ejemplos que nos llevarían demasiado tiempo. Entonces, yo deduzco: Estos aficionados, siendo partidarios de X, no lo conocieron realmente, y la prueba es que jamás lo catalogaron como clásico en sus normas, sino como estilista, como algo diferente de todo lo anterior. Esto fue un gran error, porque este torero X estaba reviviendo aquello que ya estaba casi olvidado, traduciéndolo y expresándolo según su propia personalidad, pero que tenía el germen de los Romero, pues gracias a las normas de Pedro, X, cuando se forma en su toreo, es decir, en el clasicismo del bien hacer, llega a reducir a los toros de tal forma que un buen día, al cuarto pase, fíjense bien que digo al cuarto pase, puede impunemente pasarle la mano por el testuz a muchos toros de su época. Porque no se trata de atontar a los toros a los quince o veinte

---

[58] Ronda, en Andalucía, es famosa porque ahí fue construida la primera plaza de toros en el S. XVIII y porque fue cuna de los Romero que codificaron el toreo.
[59] Templanza; Armonía de los ritmos (tomado de la pintura de arte donde es la armonía de los tonos). Cargazón en la suerte: control, dominio en los pases (se relaciona con la carga del toro, su energía que hay que guiar a donde quiere el torero). Lentitud: el clasicismo privilegia por su nitidez a los movimientos lentos.

pases, sino de torearlos. En el toreo ha habido y hay otras normas distintas de las de Romero, pero son negativas para la eficacia y la belleza del arte en toda su magnitud.

Al lado de X hay otro torero, pongamos B que, con más fuerza física y, según los aficionados, con más capacidad taurina, no sometía a los toros tan pronto y mucho menos con la belleza y sencillez con que los sometía X. Esto los aficionados jamás lo vieron en esta forma: vieron el poderío clásico del otro.

Los aficionados tienen mucha culpa por no haber seguido fieles a las normas clásicas: Parar, Templar y Mandar[60]. A mi modo de ver, estos términos debieron completarse de esta forma: Parar, templar, CARGAR[61] y mandar; pues, posiblemente, si la palabra cargar hubiese ido unida a las otras tres desde el momento en que nacieron como normas, no se hubiese desviado tanto el toreo. Claro que también creo que le autor de esta fórmula no pensó que fuese necesaria porque debía saber muy bien que, sin cargar la suerte, no se puede mandar y, por lo tanto, en este último término están incluidas las dos.

---

[60] *Parar* el toro antes de empezar el pase con la muleta; *templar* o afinar el movimiento de la muleta con el de la fiera, esto es, sincronizarlos; *mandar* o dirigir con exactitud la trayectoria del animal con la muleta para dominarlo amansándolo o estimulándolo según las necesidades.

[61] Así en la original. Cargarse sobre la pierna opuesta a la muleta, inclinándose ligeramente hacia adelante en el momento que el toro embiste. La explicación del maestro Ortega es bastante clara, pero sobre estas cuatro expresiones se puede aún consultar: *http://cultoro.com/blog/2011/03/14/parar–templar–mandar–y–cargar–la–suerte/*

Bien entendido que cargar la suerte no es abrir el compás, porque con el compás abierto el torero alarga, pero no se profundiza; la profundidad la toma el torero cuando la pierna avanza hacia el frente, no hacia el costado.

Parar, templar y mandar. ¡Ahí es nada! ¡Se confunden tanto estos conceptos! La mayoría cree que parar, templar y mandar es esperar a que los toros vengan a estrellarse en el objeto, sin que el torero se mueva; esto es un error porque si te paras, no puedes templar, y mucho menos mandar. Los toros, cuando más tienen que parar, templar y mandar es cuando más fuerza tienen y es muy curioso que hoy que se torea mejor que nunca, según tantísimos aficionados, son muy pocos los toros que se torean con el capote. ¿Y por qué, si se torean mejor que nunca? Pues sencillísimo: porque no se ponen en práctica los conceptos que definen esas normas; por lo tanto, no se torea, se dan pases; eso sí, muchos pases.

Trataré de explicarlo mejor: Fíjense ustedes, cuando van a un tentadero[62], cómo todo aficionado, e inclusive aficionada, da pases a poco que se decida. Yo, que he tenido siempre bastante afición, he hecho muchos experimentos en el campo con los aficionados. Les voy a contar a ustedes uno de los más

---

[62] El *tentadero* es el pequeño ruedo que se usa en las ganaderías durante las pruebas (la *tienta*) para medir la combatividad de un toro. Se mide el número de veces que arremete voluntariamente el animal contra la garrocha con puya que sostiene un jinete a caballo. Los toros seleccionados reciben en esa ocasión un nombre y un número de identificación. En los tentaderos también suelen los toreros ir a practicar y se organizan prácticas con becerros para turistas.

significativos: Había un muchacho amigo mío que quería ser torero; con gran frecuencia me insistía para que lo llevase a torear unas becerras; yo veía que no podría ser torero, entre otras muchas razones porque rondaba ya los cuarenta, edad algo excesiva para empezar esta profesión; pude convencerlo de que para ser torero a su edad era preciso hacer una cosa rara, algo que a los demás no se les hubiese ocurrido; lo convencí de que podía ganar mucho dinero haciendo lo que yo le dijese; le expliqué que era muy importante, primero, un buen apodo para el cartel y, segundo, llevar a la práctica un toreo en relación con el anuncio; él a todo decía que sí porque lo que quería era torear. Me pregunta: – Oiga usted (porque su chaladura era tan profunda que cuando hablábamos de cualquier asunto me tuteaba, pero en cuanto se trataba de toros, me hablaba de usted) ¿cómo me voy a anunciar en los carteles? Le dije: – El torero sonámbulo –¿Y qué tengo que hacer en la plaza para estar en relación con ese nombre tan raro? – Pues, muy sencillo: torear con los ojos vendados. Dice: – Pero ¿cómo? ¿Con los ojos tapados? – Sí, señor. ¿Tú no quieres ser algo muy serio? Pues con esto te haces el hombre más popular de España. Pues bien, un poco mosca con el gran Sancho me pregunta: – Pero usted cree que eso es posible? – Pues claro, hombre. – Bueno, cuando usted lo dice será verdad. Manos a la obra, nos fuimos al campo, preparamos el tentadero, le tapé bien los ojos para que no viese por abajo, cosa a la que se resistía, y cuando estuvo la becerra a punto, lo saqué al ruedo y le dije: – Cuando yo te diga "ahora", mueves la muleta y así sucesivamente hasta que te dé la voz de retirarte. La cosa salió como estaba prevista: le dio cinco o seis pases, es decir se los dio la becerra, él se quedó encantado, los demás se habían divertido y yo afirmaba mis convicciones: dar pases no es lo mismo que torear. Como sigue siendo amigo mío, desde aquí le pido perdón por haber aprovechado su afición para mis experimentos.

También un día en casa, una señorita –ya saben ustedes que las mujeres son muy valientes– quiso torear con la muleta a condición de que yo estuviese a su lado; cuando pasó la becerra un par de veces, le dije al oído: "Me voy." Le entró un pequeño temblor y se quedó como hipnotizada, dando pases hasta que la quitamos de allí. El susto y la emoción le produjeron tal estado de nervios que casi no podía andar[63]. Esta mujer también había dado pases, pero tampoco había toreado.

El concepto de las normas ha llegado hasta nosotros tan desfigurado, que hace días leí una interviú en que un aficionado decía: "De mi tiempo me gustó X porque hasta él, los toreros echaban la pierna adelante, pero al llegar el toro la quitaban, y X la dejaba allí." Esto último es cierto, pero no lo es que todos los

---

[63] Joseph–Louis, testigo directo de un incidente parecido en Madrid en la misma época, contaba: "Detrás de la Plaza Monumental había un tentadero donde he visto a una joven dama muy elegante torear una becerra con un torero español. En aquella figura, cada persona sostenía una extremidad del mismo capote. La vaquita pasó dócilmente bajo el capote varias veces, pero bruscamente dio un empujón a la señorita cuya primera reacción al levantarse fue: "¡mi sombrero!" El encantador sombrerito que lucía había rodado por el suelo a unos pasos. Se apresuró en ir a recogerlo y dar por terminada la clase de tauromaquia."

anteriores la quitaban, porque el gran Pedro Romero[64] con sesenta años de edad –véase un grabado de la época matando un toro– está cargado sobre la pierna contraria, y otro de Martincho[65] dando un pase con un sombrero en que también está sobre la pierna, y no digamos Cara Ancha[66] con el capote, y Montes, y, en fin, muchos más que no he de enumerar. Y yo me pregunto: ¿Cómo es posible que a continuación diga usted que hoy se torea mejor que nunca? ¿Cuántas veces han visto ustedes echarles a los toros la pierna delante antes de llegar a la jurisdicción del torero? Si ha pasado esto, yo, generalmente, lo que he visto ha sido lo contrario: cuando más, de perfil, pero casi siempre del perfil para atrás; o lo que es lo mismo: *destoreando*[67]. Porque, repito: no es igual dar pases que torear.

LOS NEGOCIOS CONTRA EL CLASICISMO

Bien sabe Dios que el hacer esta aclaración no es crítica para

---

[64] Pedro Romero Martínez, (1754/1839 en Ronda, provincia de Málaga). Sus dos hermanos, José y Antonio, fueron también famosos toreros, así como lo fueron su padre Juan y su abuelo Francisco. Cuando se retiró Pedro en 1799, el rey Carlos IV lo nombró director de la Escuela de Tauromaquia de Sevilla y donde también impartió clases. Durante su extensa carrera taurina nunca fue herido y mató su último toro a los 77 años.

[65] *Martincho*, de su verdadero nombre Ebassun, era de origen vasco. Fue famoso por su temeridad en la arena y parece que también él inspiró algunos dibujos a Francisco Goya de la serie "*Tauromaquia*".

[66] *Cara Ancha*, alias José Sánchez del Campo (1848/1925). Famoso por su arte del capote y como banderillero.

[67] *Destorear*. Barbarismo expresivo inventado por don Domingo al estilo de *destornillar*. Lo contrario de torear.

nadie, ni siquiera critico el momento actual de la fiesta. Yo tengo un gran respeto para todos los que visten de torero; pero una cosa es el respeto que a mí me merezcan, y otra, muy distinta, decir mi manera de ver el bien hacer el toreo, pues creo francamente que esto puede repercutir en beneficio de la fiesta y, en consecuencia, de todos los que se visten de luces[68].

Con relación a los momentos actuales, se está siendo injusto con los toreros. Son hijos de las normas que había y hay en el ambiente, están adulterados por el clima en que se formaron, pero del que ellos son los menos responsables. Desde hace unos años han oído decir a aficionados, periodistas, folletos y demás propaganda, que el toreo había llegado al súmmum de la perfección, que era lo nunca visto. Al mismo tiempo, cuando empezaron en los ruedos, recibían el aplauso frenético de los públicos cuando practicaban las normas reinantes en el ambiente. Llegaron al toreo cuando el parón[69] se había estabilizado como norma en la retina del público y de la mayoría de los aficionados.

A esto contribuye la euforia de postguerra: las plazas se llenan de público dos o tres años seguidos, gran negocio de todos los que viven de la fiesta, hay dinero para todos; pero ya, al tercer o

---

[68] *Traje de luces*. Expresión nacida en la época clásica a la que se refiere constantemente Domingo Ortega y que expresa perfectamente de manera poética la emoción sentida por los aficionados al irrumpir, destellando sus trajes en pleno sol, aquellos hombres con valor en busca de celebridad.

[69] *Parón*. Es el estilo aparecido en los años 50 basado sobre el inmovilismo del torero que critica Ortega.

cuarto año, la gente se retrae, las empresas sueltas empiezan a perder dinero y, de aquí, las aguas toman otra vez su cauce; se empiezan a encauzar los aficionados, ha sido el efecto de la riada y, al hacer el resumen de lo que ha pasado y como esta es fiesta de pasión y que nadie se presta a las pasiones tanto como el español, un tanto por ciento comprende su equivocación; pero por no dar su brazo a torcer, por no reconocer su error ante los demás, se callan; otros dicen que no van a los toros porque no tienen interés, y todavía quedan muchos que quieren sostener lo insostenible, conformándose con decir que se torea mejor que nunca, pero conociendo en el fondo la monotonía que existe en este toreo. Al hacer el análisis desapasionado, nos encontramos con que la normas del arte del bien hacer se han esfumado, el toro casi ha desaparecido – hablo en términos generales –; al menos este es el ambiente de la calle; han reducido su presencia al mínimum, le han mutilado las defensas, esto es también *vox populi*, nos han estado dando gato por liebre, como vulgarmente se dice. Esto es lo que les queda en el fondo de la conciencia a todos los aficionados y escritores que echaron las campanas a vuelo. Pero ¿qué pasa? Como no quieren aparecer responsables de esta riada o catástrofe, les es más cómodo echar la culpa sobre los muchachos que están toreando hoy[70]; y yo les digo otra vez que son inocentes; no tienen más culpa que haber seguido el camino que ustedes tanto marcaron.

---

[70] No hay que olvidar que esta conferencia se dio en 1950.

Créanme: ellos son los primeros que están pagando; porque tendrán sus éxitos cuando el toro muy claramente se lo permita; pero en el fondo de su conciencia sabrán muy bien, es decir, seguramente no lo sabrán, pero percibirán al menos, que aquello que allí pasó fue resultado de un esfuerzo personal por el susto constante a que su inseguridad los tuvo sometidos; pero que el colaborador, o sea, el toro, en ningún momento estuvo dominado. Y ¿por qué? Pues muy sencillo: porque se han dejado de practicar las reglas clásicas del arte que nos están legadas desde el gran Pedro Romero quien, en su larga vida de torero, matando cinco mil seiscientos toros, nos da las normas geniales, sencillas, pero eternas, de cómo se deben torear estos para reducirlos; normas que llegaron a hacerse clásicas y que seguirán siendo la piedra fundamental de todo el toreo.

Y digo fundamental, porque todo el que se formó a través de ellas abrió más camino de posibilidades en el arte.

Como consecuencia de haberse abandonado estas normas, se ha reducido el toreo a la mitad; es decir, le han quitado la parte más bella, la de delante, la que yo llamaría la enjundia del toreo; aquella en que el torero se enfrenta con el toro echándole el capote o la muleta adelante para, a medida que el toro va entrando en la jurisdicción del torero, ir templándolo, ir inclinándose sobre la pierna contraria al mismo tiempo que ésta avanza hacia el frente, es decir, alargando el toro al mismo tiempo que por sí se va profundizando. Todo esto a mi modo de ver, naturalmente.

Claro que, ateniéndose al simple campo visual, un torero puede prescindir de las reglas clásicas si tiene una gran personalidad, y puede tenerla por miles de cosas; por ejemplo: cómo anda, cómo sale vestido, cómo se mueve, cómo se queda quieto; en fin, muchas más que no es preciso enumerar y que le permitan entusiasmar a los espectadores, arrastrados por la fuerza de su personalidad, aunque su toreo y sus normas sean negativos. Por eso es imprescindible hacerle ver a las nuevas generaciones de toreros que no se pueden copiar las personalidades porque cada cual tiene la suya; encauzarlos por las reglas clásicas; si no, nos encontraremos con que todo muchacho que quiera ser torero se irá por los derroteros establecidos por estos toreros de gran personalidad y se encontrarán –aun los más capacitados, a los cinco o seis años de alternativa[71], que es cuando los toreros suelen estar madurados en el arte si su formación es positiva– con que es todo lo contrario, que no han dado un paso hacia adelante y que los toros –¡cuidado! que hablo de toros– se irán apoderando de él; y en este caso lo mejor que puede pasarle es tener que abandonar la profesión.

Hay que insistir y hacer todo lo posible para que las nuevas generaciones vayan por el buen camino, porque debemos pensar que los hombres de hoy tienen el mismo valor y la misma inteligencia

---

[71] *Alternativa.* Se puede considerar como la investidura de un torero auxiliar al grado de matador. La ceremonia consiste en la oportunidad que uno de los maestros del cartel de la corrida ofrece al pretendiente prestándole su muleta y su estoque para que alterne con los dos otros matadores en la lidia de lo seis toros.

que los de ayer y, por lo tanto, si se crea el ambiente tendremos lo fundamental; pero, eso sí, ser inexorables en cuanto a las normas.

Yo he visto en estos últimos años algunos muchachos con grandes condiciones de haber seguido las reglas clásicas –tienen talla, valor y afición, con ganas de ser– pero el ambiente de público y aficionados, formando cuerpo con los resultados económicos, los envolvió. Esto unido a que, naturalmente, les resultaba más fácil, les hizo tomar el camino más cómodo.

Cuando se crean estos ambientes es muy difícil sobreponerse a ellos; hay que estar muy curtidos y tener muy firmes convicciones para no dejarse arrastrar, pues a mí mismo me ocurrió una cosa muy curiosa. Teniendo que torear en Madrid el año cuarenta y tantos, vino a verme un crítico de toros, buen aficionado y amigo, y me dijo: "Tengo que hablar contigo a solas. Esta tarde toreas en Madrid y ya sabes cómo está el toreo moderno; no lo eches a los toros el capote y la muleta delante; ponte al perfil, dale el medio pase y verás qué fácil te es el éxito". Yo le contesté: "Creo que están equivocados todos los que tal piensan. Las normas clásicas son eternas; la fiesta en sí es más fuerte que todos los toreros juntos; el que se salga de ellas estará a merced de los toros y, estando a merced de ellos, a la larga se apoderan de él". Me contestó: "Querido, eso lo sabemos cuatro". Le contesté: "A mí me basta con saberlo yo, y el tiempo me dará la razón". Hoy, cuando oigo las lamentaciones en el mundo de los toros sobre el decaimiento del toreo, examino mi criterio de entonces y tengo que decirme: estaba en lo cierto.

EL ARTE DEL TOREO ES FRUTO DEL PELIGRO

Esto fue el gran error de la masa aficionada[72] moderna que, como dije antes, envolvió al buen aficionado pues, salvo algunos casos aislados que por su inferioridad numérica no pudieron contrarrestar el alud, los demás se fueron uniendo al momentáneo clamor de la masa; entre ellos muchos hombres de gran sensibilidad artística que no se dieron cuenta de que cuando la masa interviene, el arte degenera. Por muchísimas razones que sería demasiado largo explicar[73].

A mi modo de ver, esta es la situación en que hoy nos encontramos. Y ha sido posible porque el aficionado se ha desentendido del toro y a las masas que llenaban las plazas monumentales les tenía sin cuidado si era toro, si era gato o si era liebre. ¡Ah, el toro! Este es el punto grave del arte de torear. Cuando el toro estaba en acción, la cosa era distinta. Viejos aficionados que me están oyendo: ¿No recuerdan ustedes cuando empezaron los primeros toreros a dar parones? Ustedes mismos decían: ¡Esto no puede ser! Y no era por nada inexplicable, sino que los toros, *toros*,

---

[72] Claro es que en este libro cuando se habla de afición se trata únicamente de la pasión taurina. La palabra, como otras, pasó al léxico francés del toreo.
[73] Trasparece en este capítulo la oposición entre democratización y masificación de ciertas actividades humanas, lo que implica el planteamiento educativo en relación con esas actividades. Es un tema en el que insiste Ortega.

se encargaban pronto de dar cuenta de ello.

Muchas veces he pensado que no habría razón para rechazar este toreo si realmente nos divierte porque nos emociona y nos lleva a una contemplación máxima en el arte; pero no es así: los resultados están claros, no ya con el toro, sino con el medio toro. Aunque yo sostengo que el arte del toreo radica en el peligro que el toro tenga, si al toro se le quita este gran peligro, al menos ésta es la impresión que le da al que está cerca de él, el arte de torear no existe; será otra clase de arte, pero la belleza, la grandiosidad del toreo, reside en que el torero perciba la impresión, aunque él se sobreponga, de que aquello no es broma, que con rozarlo lo hiere; entonces es cuando el torero vive[74] y, por lo tanto, puede producir los momentos más álgidos del arte.

Y parar amasar esta sensación, para cocer este condimento y ponerlo a punto, la historia lo está diciendo: no hay más forma que las clásicas dadas por los Romero. Porque si no, caeremos en lo que ya hemos caído, señores: el toreo está achatado en su forma y en su fondo; esta es la triste realidad. Lo digo para que se corte en lo sucesivo y, cuando salgan los nuevos valores, hacerles ver que mirar al tendido, llegar al toro de costado, quedarse rígido dejándolo pasar, fueron invenciones del toreo cómico.

Hay que ir a las fiestas clásicas del arte para bien de todos y

_____

[74] Esto ilustra lo dicho en "Arena movediza en el ruedo" del prólogo, sobre la dialéctica de Hegel a propósito de la relación entre el amo y el esclavo.

en éstas cada uno dará, según sus condiciones, el máximo rendimiento. Y tendremos la gran ventaja de que el toreo se alargará, tomará más belleza y, cuando llegue el momento, si alguna vez llega, de que salga el toro con la belleza de su pujanza; estarán los toreros en forma y en condiciones de imponerle en todo momento su voluntad, se les ampliará el camino de la maestría y, por lo tanto, el campo del arte, pues, como dice mi admirado amigo don Eugenio d'Ors[75], no hay que cansarse de hacer la apología de la perfección "porque de lo demás, en fin de cuentas, siempre quedará bastante".

También he pensado muchas veces que el toreo debía tener un árbitro como pasa en el boxeo, que separa a los combatientes cuando están demasiado juntos. Dada la fiereza y al mismo tiempo la nobleza de los toros bravos, cuando un toro está ya entregado por su falta de poder en el exceso de la brega y un torero avanza hacia él de costado, hasta darle con la cadera en la pala del pitón, para hacer que le provoca la arrancada y darle un pase natural[76], por ejemplo, decirle al oído, como esos recaditos que dan los árbitros a los boxeadores: "Oiga, amigo, ¿qué va usted a hacer? ¿No ve que eso no es natural? Despéguese por lo menos un paso y dele el pecho que es lo más noble que tiene el hombre y ahí, donde iba a poner usted la cadera, póngale la muleta y después, cuando lo traiga en

---

[75] Escritor y académico español (1881–1954), político, defensor y propagandista de la cultura española, impulsor de una corriente cultural apegada a lo catalán.
[76] *Natural*. Nombre del pase en el que el toro sale del mismo lado del que se tiene la muleta.

ella, no se quede usted rígido porque eso tampoco es natural, avance un poco la pierna, acompáñela ligeramente con el cuerpo, muy despacio; verá qué bello resulta" Entonces, todo lo que tiene el toreo de ritmo, resaltará en la armonía de ese grupo escultórico en movimiento que es la belleza del arte de torear. En suma, poner en práctica las reglas clásicas.

Quiero que quede bien claro que esta es mi forma de ver el toreo, que no haya lugar a equívocos con relación a Ortega torero. Hace días le escribí una carta a un amigo mío de América que tiene, no sé por qué, gran concepto de mí como aficionado. Me había preguntado por un muchacho que va a empezar a torear este año y yo le decía: "Tiene mucha personalidad, es el no va más del modernismo; si tiene suerte en acoplarse, y los novillos de hoy es fácil que lo dejen, puede ganar mucho dinero; fíjese que le digo personalidad porque un gran torero es casi imposible; ya sabe usted el criterio que tengo sobre lo que debe ser un torero. Creo que entre todos los que hemos tenido suerte, quizá se pudiera hacer uno. ¿Qué soy exagerado? Pues créame: si el toreo lo llevamos al campo de las artes, así es."

De manera que no quiero que vean, ni por lo más remoto, la posible vanidad de Ortega torero; entre otras cosas, porque ya pasé hace tiempo por todas ellas, pues, como ustedes comprenderán, también las tuve, pero se quedaron muy atrás, afortunadamente.

Señores: esta exposición de mi modo de ver el toreo no es crítica para ninguna persona determinada; entre otras cosas porque nunca es un hombre solo el responsable de ellas; eso también sería demasiada vanidad del que se diese por aludido.

Toreros de hoy, si mi experiencia os puede servir de algo, pensad al menos esto: cuando se echan los cerrojos de la barrera, quedan en el ruedo muchos problemas a resolver; pero el fundamental, del que parten todos los demás, es el siguiente: al abrirse la puerta del chiquero, cuando sale el toro, si tú no puedes con él, él puede contigo; por lo tanto estarás a su merced y, en este caso, todo lo que hagas será de tono menor con relación al arte; en cambio, si es al revés, es decir, si tú te adueñas de la situación, pasará todo lo contrario. Pero, cuidado, que el toreo no es cuestión de fuerza, porque ésta en seguida puede producir la brusquedad, la aspereza; es decir, la antítesis de la suavidad y la lentitud que es lo que más les agrada a los toros. Y para que esto sea posible, no lo duden ustedes, hay que ir a las normas clásicas porque éstas nacieron quizá antes que los Romero; digo antes que los Romero porque el primer hombre que se enfrentó con un toro tuvo, necesariamente, que cargar la suerte[77]; el primer hombre que se montó en un caballo

---

[77] *Cargar la suerte. Cargar* es emprender una carga, pero también asumir algo, soportar, sostener, etc. física y moralmente. Cargar la suerte se refiere pues a un peso moral y físico inherente de la acción (lance o pase) decidida por el torero. Sin embargo, mientras evolucionaba la tauromaquia, esta expresión terminó por tener un significado técnico que la Real Academia Española define así: "Desviar al toro, facilitándole la salida, para que no atropelle al diestro". Se trata pues de

para apartar los toros en los campos tuvo que ir hacia adelante echado ligeramente sobre el cuello del caballo; y no digamos el garrochista[78]; en fin, todas las cosas que se hacen con los toros desde que nacen hasta que mueren son bellas a base de ir hacia adelante; imagínense ustedes a un garrochista completamente vertical en la montura; a la primera resistencia que haga el becerro irá para atrás y, en este caso, el becerro seguirá su camino.

No, señores: yo creo que la grandiosidad del arte de torear radica en la cargazón de la suerte[79]: grande es el lance a la verónica[80] cargando lentamente sobre la pierna contraria; bella es la suerte de banderillas cargando sobre la pierna; bellos son los pases de muleta cargando sobre la pierna; más bella es la suerte de matar cargando el cuerpo sobre la pierna. Tengan en cuenta que, en los toros, cuando no se va para delante, se va para atrás y esto el único que puede hacerlo es el que abre la puerta del toril.

---

dirigir la carga del animal provocada por el capote o la muleta. Para enfrentar el peligro, el torero debe dirigir la trayectoria de la fiera controlando sus propios movimientos cuando construye su lance o su pase. Para los que no son aficionados, se puede decir que *cargar la suerte* es controlar el pase (o el lance).

[78] *Garrochista.* Vaquero a caballo que utiliza la garrocha o vara para guiar a los animales de la manada en el campo.

[79] *Cargazón de la suerte.* Los neófitos pueden retomar lo dicho anteriormente en la nota n.º71 pero considerando el aspecto aumentativo del sufijo en la palabra *cargazón*. Se podría entonces interpretar que se alude a un dominio más fuerte y bello del lance o del pase.

[80] *Verónica.* Nombre del lance realizado con el capote sostenido delante con las dos manos y que deja la fiera alejarse mientras el torero vuelve a tomar su propio lugar.

Ya sé que algunos pensarán: "Pero bueno, si todos los toreros cargamos la suerte, el toreo se hará monótono porque todos torearemos igual". Yo les digo: "No, señores, de ninguna manera; cada cual será distinto porque cada individuo tiene una personalidad, tiene un ritmo exterior que nace de lo más profundo de su sensibilidad y que les hará ser completamente diferentes, aunque se basen en las mismas reglas".

NOS CAMBIARON EL TORO

El toro ha cambiado un poco; esta es una de las causas de la pobre formación del toreo de hoy. Cuando los toreros se formaban en la brega de las novilladas duras, con alguna que otra capea[81], más o menos, les eran imprescindibles las primeras letras de las normas; pero hoy los toreros se forman de distinta manera: van a los tentaderos, torean becerras[82] con dos años, que es cuando se suelen tentar y, naturalmente, a poco habilidad que tenga un muchacho, es fácil estar airoso porque no es menester recurrir a normas ni reglas; con dar lances y pases es suficiente; pero ahí, precisamente ahí, es donde se ha fraguado la limitación del toreo. No crean ustedes por esto que yo soy partidario del toro grande; sería injusto por mi parte el abogar precisamente hoy, cuando posiblemente no pienso vestirme más de torero, por el toro de antaño. Yo sé muy bien el gran peligro del toro hecho y no quiero para los demás lo que a mí

---

[81] Generalmente es una lidia de novillos con capote. De ahí *capear*.
[82] Seguramente se trate de un error de imprenta y haya que leer *becerros*.

prácticamente no me gustaría como torero; otra cosa muy distinta sería como aficionado: A este sí le gusta, cuanto más grande mejor, precisamente porque lo que le hagan tendrá más emoción y más grandiosidad; pero el aficionado que llevo dentro está humanizado por la experiencia[83]. Yo no trato ahora de un toro determinado, grande o pequeño, no; éste es otro problema; estamos tratando de normas para hacer más bello el arte de torear y mi criterio es que las normas clásicas son imprescindibles si queremos que el arte prospere por la sencilla razón de que si los muchachos las ponen en práctica, tendrán la gran ventaja de que con el toro, grande o chico, como sea, podrán lucir sus sentimientos artísticos y harán más bello el toreo porque estarán en posesión de dominio sobre él.

Tenemos que hablar algo del toro. Es muy frecuente a la salida de la plaza oír a los aficionados comentar lo brava que ha sido la corrida sin pensar que es muy difícil ver no ya una corrida[84], sino un toro verdaderamente bravo. En esto los ganaderos nos equivocamos muchísimo y nuestro error parte de que no vemos las cosas como son en realidad: el toro, es antinatural que sea bravo tal y como lo queremos para la lidia. A medida que va creciendo se va

---

[83] Para mejor conocer las convicciones de Ortega y entender por qué se oponía tan firmemente a la moda que entonces invadía la tauromaquia, se puede leer la excelente biografía realizada por Gustave Coderch (*Éléments d'une biographie de Domingo Ortega*, éditions Lacoste, Mont–de–Marsan, 1954). Demasiado modesto título para una obra tan ricamente documentada como lo subrayaba Joseph–Louis.

[84] La palabra "corrida" señala aquí el conjunto de los seis toros lidiados en una tarde y no el espectáculo.

desarrollando su instinto de defensa porque tiene que aprender a atacar y defenderse en las luchas con sus propios compañeros; he aquí el peligro de los toros que han pasado su quinta primavera. En esta última es cuando alcanza el máximo su inteligencia o sentido y, por lo tanto, sus manías y resabios y, naturalmente, las dificultades para su lidia.

Los ganaderos solemos partir del error de que todos o casi todos los toros embisten; pues bien: es justamente lo contrario. Se habla ahora en los círculos ganaderos, yo mismo lo he oído comentar, de que la puya de hoy es terrible para los toros, que ninguno puede llegar al final con la fuerza suficiente por el poder que le resta la pérdida de sangre en la brega con los caballos. A mí me parece disculpable que esto lo piense el aficionado en su puesto de espectador; pero si el ganadero piensa de esta forma, tenga la seguridad de que la ganadería va para abajo porque el toro tiene siempre fuerza para embestir, lo que no tiene en muchos casos es ganas de hacerlo. Yo les diría a los que tal piensan, que, si el toro ha tomado cuatro puyazos y le han pegado bien, es natural que haya perdido mucha sangre; pero es la décima parte de la que le queda en el cuerpo; lo que pasa es que no queremos ver que de la brava tenía muy poca, y fue justamente la que los puyazos hicieron salir.

Es muy frecuente confundir la casta de los toros. No hay que olvidar que el toreo está basado en que el toro vaya al capote o la muleta y no al cuerpo, porque imagínense ustedes si fuese al revés.

¡Menudo lío se iba a armar! Es decir, el que se arma cuando sale un toro que ha sido toreado anteriormente, o sea, cuando se le ha desarrollado el sentido. Entonces fallan todas las reglas, porque no están basadas en el sentido del toro, sino en su fiereza, en su desconocimiento de todo lo que está pasando. ¿Se imaginan ustedes lo que sería si el toro tuviese la misma inteligencia que el hombre?

Los toros, dada su falta de selección –hablo en términos generales–, forman un mundo amplísimo de caracteres diferentes; tanto, que a muchos toros, hablo de toros, hay que enseñarles a embestir y por eso el torero muchas veces tiene que hacerle ver que le tiene miedo, es decir, huirlo, para que se vaya confiando. Pero cuidado, huirlo poco porque si no, tendremos lo que ustedes habrán observado muchas veces en las corridas de toros, y es que el animal se arranca de improviso sobre un peón que está mal colocado; esto es, en el sitio en que el toro ve la salida más fácil y le hace tomar las de Villadiego[85]. Es muy curioso que, cuando este peón vuelve a salir al ruedo, en cuanto el toro lo ve, aunque ya esté bien colocado, vuelve a hacer la misma operación y es, naturalmente, porque nota más alivio, es decir, porque él cree, no sin fundamento, que aquel individuo le tiene miedo, cuando el público lo que opina es que le tomó manía o que no le gustó el color del traje.

---

[85] "Tomar las de Villadiego": ausentarse por huir de un riesgo.

Esta es una de las cosas importantísimas para el toreo, es decir, el torero debe saber esto y debe saber que también se torea huyendo; claro que esto es más complejo que lo que parece a simple vista; yo lo llamaría la súper norma, es decir, lo que dan como resultado las buenas normas; pero, en fin, dejemos este problema.

Claro que hay algunas ganaderías que tienen una gran uniformidad de carácter, debido a su vieja selección; pero esto no es lo corriente. Esto de la selección es un problema muy largo y difícil para explicarlo en un momento.

Hablábamos anteriormente del complejo mundo de los toros por su falta de selección, y digo falta de selección porque todavía no hemos conseguido el toro completamente bravo. Las muchas cruzas que se hicieron con las ganaderías dieron como resultado la poca uniformidad en el carácter. Buena prueba es que, en aquellas que se conservan en una línea más o menos pura, los toros tienen menos diferencias de temperamento unos con otros; aunque bien es verdad que todas en general son hoy más homogéneas que en la época de Pedro Romero.

AL ORIGEN DE LAS NORMAS CLÁSICAS

He aquí el titán del toreo. ¡Se imaginan ustedes, matar cerca de seis mil toros sin que ninguno le levante los pies del suelo! Porque hemos hablado de lo complejo de las reacciones de los toros de hoy; pero hay que pensar en los toros de entonces, cuando todavía no obedecían casi a ninguna selección. Ya en la tauromaquia de Montes se ve bien claro la cantidad de resabios que tenían los toros de esa

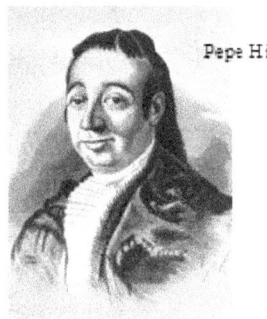
Pepe Hillo

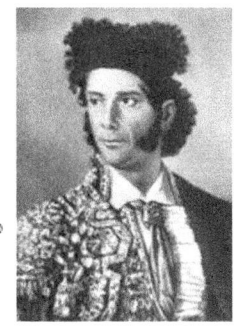
Paquiro

época; naturalmente, muchos son adquiridos por la diferencia de edad en que se lidiaban, pero otros son por el estado anárquico en que se encontraba la mayoría de las ganaderías.

Pues con estos toros tan distintos, Pedro puede escribir en la historia esa carrera de titán no superada por nadie. Y no solamente él, sino el gran Paquiro[86] que con las normas recibidas de Pedro llega a dominar todas las suertes del toreo. Este sí que es un torero sobre el que valdría la pena hacer un estudio detenido para afianzar de una vez para siempre las normas clásicas y que las generaciones venideras no se apartaran de ellas porque seguramente se vería cómo

---

[86] Francisco Montes Reina, llamado Paquiro, (1805/1851 en Chiclana, provincia de Cádiz). Murió de las consecuencias de una cornada recibida el año anterior en Madrid por halagar a la reina Isabel II, repitiendo uno de sus famosos lances que ella había visto mal. Fue discípulo de Pedro Romero. Tenía una fuerza herculina, pero enriqueció el lado artístico del toreo. Su tratado de tauromaquia inspiró el primer reglamento taurino. Fue él quien definió los aspectos que todavía caracterizan las corridas como los vestidos y la organización de los toreros en cuadrillas.

en lo que falla y le lleva a atravesar a los toros es en lo que él quiere añadir por su cuenta tomándolo de otros ambientes ajenos a las enseñanzas de Pedro. Y conste que estamos hablando del gran Paquiro que no era cualquier cosa; hay que pensar que este hombre practicaba todo lo practicable, desde el salto a la garrocha y al "trascuerno"[87] a toda la gama del toreo; además, con una valentía casi temeraria, acoplada a unas condiciones físicas tremebundas; pero como el toro es siempre más valiente y más fuerte que cualquier individuo, por fuerte y valiente que éste sea, cuando los toros empiezan a pegarle tiene que echar mano de lo que recibió de Pedro y que tenía casi abandonado por la semilla que él mezcló creyendo mejorarlo.

En un pequeño libro, *El arte de torear*[88]*,* ya dice que se están perdiendo muchas suertes que eran muy lucidas y es muy curioso que en todas se refiere a la manera de realizarlas, preocupado sobre todo por el lucimiento sin que los toros cojan. En cambio, Pedro, si deducimos de las cartas que escribe al Conde de la Estrella[89], es todo lo contrario: da normas de cómo hay que llevar la muleta con

---

[87] Expresión técnica exclusivamente de la tauromaquia: salto por encima del cuello, detrás de los cuernos.
[88] El verdadero título es: *"Tauromaquia completa o sea Arte de torear en plaza, tanto a pie como a caballo"*, imprenta de D. José María Repulles, Madrid, 1836. Reeditado por Turner–Ediciones El Equilibrista, Madrid, 1994.
[89] Antolín de Cuéllar y Beladiez, conde de La Estrella, fue encargado por Fernando VII de fundar el Real Colegio de Tauromaquia en Sevilla en 1829.

relación al toro para que este *vaya toreado*[90], es decir, poner en ella todo el romanticismo del toreo; porque en el toreo se da el caso extraño, con relación a las demás artes, de que por medio de las normas clásicas se llega al más profundo romanticismo. Tal vez porque el toreo no es más que eso: romanticismo puro.

Para dar una idea de lo que era Pedro Romero voy a leer un fragmento de la carta que firmada "J. R. A." apareció en el *Diario de Madrid* el año 1795, y que publica José María de Cossío en el tomo tercero de su admirable obra *Los Toros*[91]. Dice así "Sepa Vuestra Merced, señor mío, que el timón de esta nave es la muleta, en que es Romero inimitable, ya llevándola horizontal al compás del ímpetu del toro, ya llevándola rastrera, como barriéndole el piso donde ha de caer, o que ha de usar mal de su grado; aquella muleta que siempre huye y nunca se aleja de los ojos de la fiera que a veces la obedece como un caballo al freno." Muchos creen que el arte del toreo nació hace cuatro días: ¿Se dan ustedes cuenta de lo que esto supone?

EL PÚBLICO NO SIEMPRE TIENE RAZÓN

Señores: estamos en un momento grave con relación al arte;

---

[90] En cursiva en el original para retomar una expresión de Pedro Romero. Quiere decir que el movimiento del toro no debe ser abrupto, natural, sino armoniosamente dirigido por el maestro de *ballet* que tiene que ser el torero.

[91] José María de Cossío (1892/1977) era académico. Su obra, *"Los Toros, Tratado técnico e histórico"* es una enciclopedia publicada en doce tomos de 1943 a 1997 en Espasa–Calpe, Madrid.

117

el buen aficionado está en minoría y casi convencido de lo que en general dice la masa: que hoy se torea mejor que nunca, aunque se toree menos con el capote y se mate peor; como si estas dos suertes fuesen aleatorias en el arte. Y digo grave, porque es muy posible que, si no se le pone coto, se pierdan las buenas normas por completo y, si éstas desaparecen, el toreo será una cosa distinta de lo que pudo ser.

He oído dar como argumento en favor del toreo actual, y siento mucho habérselo oído decir el otro día a mi gran amigo Antonio Pérez Tabernero[92], que los toreros de antes no les interesaban más que a cuatro aficionados y que hoy se llenan las plazas; pero esto no es razón para afirmar que el arte se haya purificado ni mucho menos. ¿Qué me dirían ustedes si yo afirmase que, porque hoy hay más teatros y acude a ellos más público, los autores actuales son mejores que Calderón y Lope[93]?

Respecto a la presencia de la mujer, claro que a mí, cuando he salido a la plaza, me ha gustado siempre mucho más verla cuajada de mujeres que de señores con puro; pero la conquista de la mujer por la fiesta no se puede tampoco tomar en cuenta porque es indudable que la mujer va más a los toros, pero también va más al cine, a la universidad y al bar a fumarse un cigarrillo.

___

[92] Famoso ganadero taurino, fundador de una dinastía que perdura hoy.
[93] Pedro Calderón de la Barca (1600 – 1681) y Félix Lope de Vega (1562 – 1635) son dos famosos poetas y autores de comedias del Siglo de Oro.

Y para terminar, porque temo cansarlos a ustedes con mi insistencia sobre las normas, el toreo es: "parar, templar, cargar y mandar"[94], a un toro naturalmente. Ayer, hoy y mañana, ha sido, es y será un gran torero todo el que sea capaz de realizar esto bellamente que aquí es donde la personalidad reclama su parte; los grandes artistas que marcaron algo decisivo se han formado siempre dentro de normas y reglas, y el clasicismo no es más que una personalidad singular dentro de una norma eterna. A mí me parece un poco temerario afirmar que cualquiera de los muchachos de hoy torea mejor y, por lo tanto, es mejor torero que Lagartijo, Frascuelo, Paquiro o Pedro Romero[95].

---

[94] Resumen y por orden: Parar es inmovilizar el toro para empezar el pase de muleta. Templar es hacer coincidir el temple (ritmo) del movimiento de la muleta con el de la fiera. Cargar la suerte es poner el peso del cuerpo sobre la pierna opuesta a la muleta llevándola ligeramente adelante cuando el toro arranca la carga. Mandar es dirigir con precisión la trayectoria del animal con la muleta para dominarlo.

[95] Rafael Molina Sánchez, alias Lagartijo (1841/1900 en Córdoba), famoso banderillero y matador.

Salvador Sánchez Povedano, alias Frascuelo (1842, Granada / 1898, Madrid), famoso matador.

En esta conclusión crítica, Ortega alude a la nueva moda que se generalizaba entonces abandonando las normas clásicas. Se trata del "estatuario", llamado después el «parón» y del que ya hemos hablado en el prólogo. La palabra "estatuario" evoca la postura adoptada por los nuevos toreros. Nunca se ponían de frente al toro sino de perfil y se mantenían absolutamente inmóviles (como una estatua, de ahí la palabra "estatuario") menos los brazos que agitaban la muleta. Tampoco miraban hacia el toro sino hacia el público en las gradas.

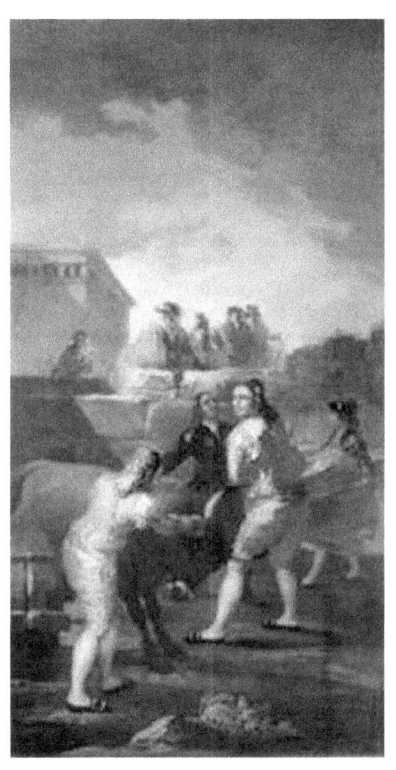

« La novillada », cuadro de Goya, 1780, Museo del Prado

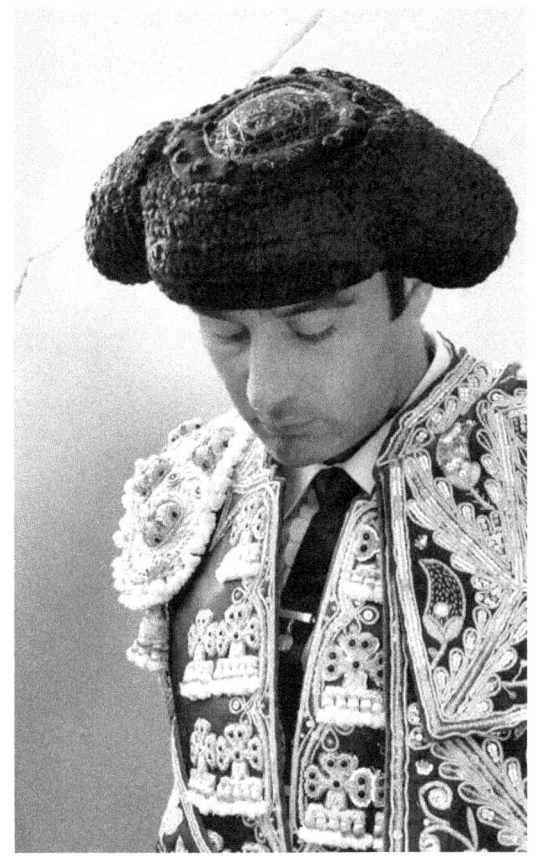

Traje de luces y montera, cofia del torero inventada por Montes
("Paquiro") a principios del siglo 19.
Foto de Barbot Yves captando a Enrique Ponce.
(ver referencias al final del libro)

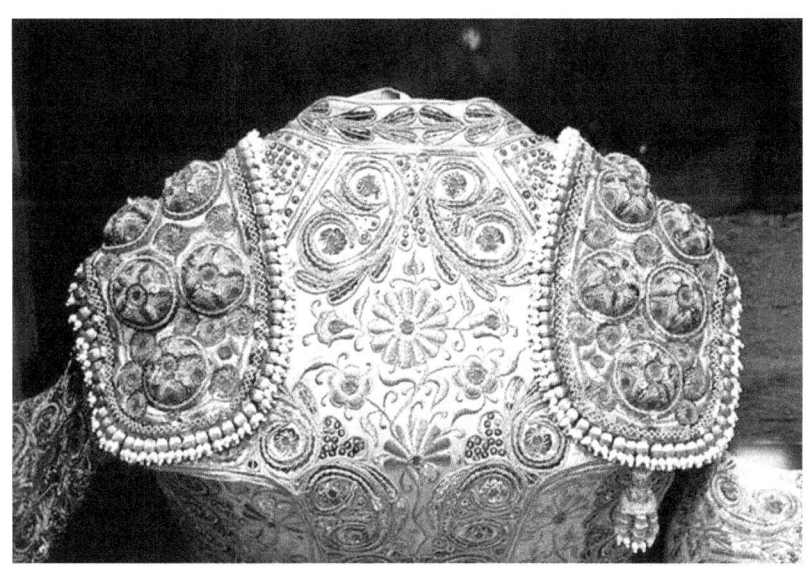

Traje de luces, detalles.
(Museo taurino municipal de Córdoba)

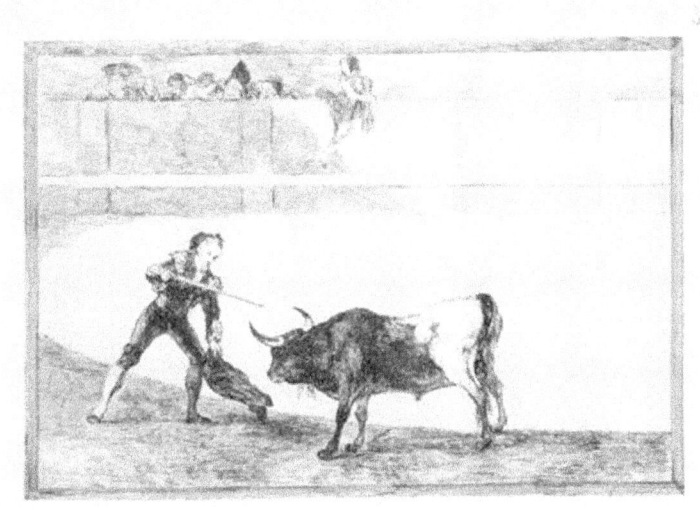

Pedro Romero tuant un taureau à l'arrêt

Es el cuadro de Goya al que hace referencia Domingo Ortega en la conferencia. Se puede notar los detalles que el maestro define como características del toreo clásico: diestro frente al toro (y no de perfil), pierna opuesta al estoque ligeramente adelantada y soportando el peso del cuerpo, torso inclinado hacia delante (no vertical).
Nota: la fiera recibió banderillas (cuelgan del lado derecho).

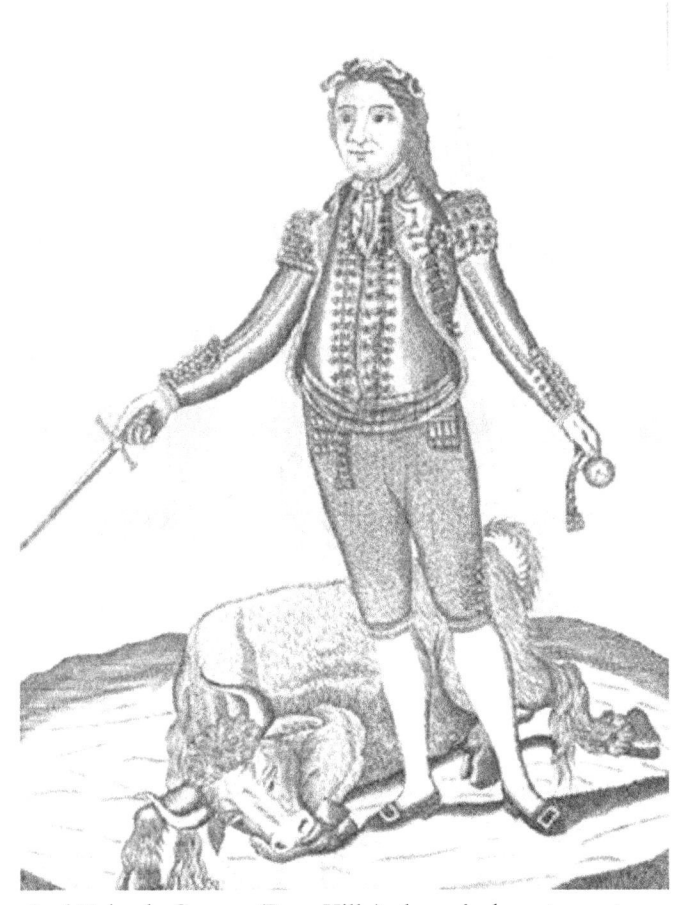

José Delgado Guerra, (Pepe Hillo), después de matar un toro.

Era contemporáneo y competidor de Pedro Romero con el que renovó el toreo a finales del siglo 18. Se puede notar que el toro no recibió ninguna banderilla y que el diestro cambió la muleta por un reloj (el de su padre), una excentricidad que lo caracterizaba.

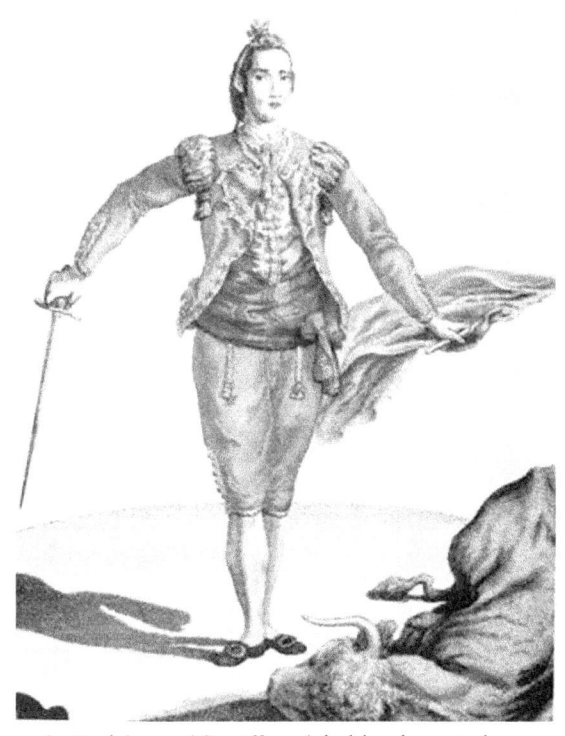

Joaquín Rodríguez (*Costillares*) habiendo matado un toro.

Contemporáneo de los dos anteriores, es el primero en presentarse en las plazas con trajes muy adornados, iniciando de esa manera la evolución hacia el traje de luces moderno. También inventó varios lances y pases, entre ellos se sigue practicando la verónica, uno de los más artísticos. Se notará también que el toro no recibió banderillas y que la muleta en vez de roja es azul. Hoy se sabe que la visión del toro es dicromática y no tricromática como la de los humanos. Solo puede percibir de la luz las ondas cortas (azul) y las medianas (verde). Entonces no es el rojo que lo estimula sino el movimiento cuando este entre en su campo de visión más bien estrecho y borroso por culpa de la ubicación lateral de los ojos. El conocimiento práctico o teórico de estas características permiten al torero de evaluar el riesgo en algunas figuras espectaculares para el público, pero evaluar no quita el peligro a enfrentar. También el oído y el olfato intervienen en las reacciones del toro.

BOS PRIMIGENIUS

Enviando a Domingo Ortega
el retrato del primer toro[96]

Texto de José Ortega y Gasset

---

[96] En la edición original este subtítulo fue utilizado como título del texto de don José Ortega y Gasset. Pienso que fue un artífice de la editorial para comodidad de la presentación en el libro y que la contribución del filósofo no tenía título pues era un simple anexo a la publicación de las páginas de la conferencia del torero como lo dice el mismo en conclusión. El título aquí arriba es, pues, licencia mía.

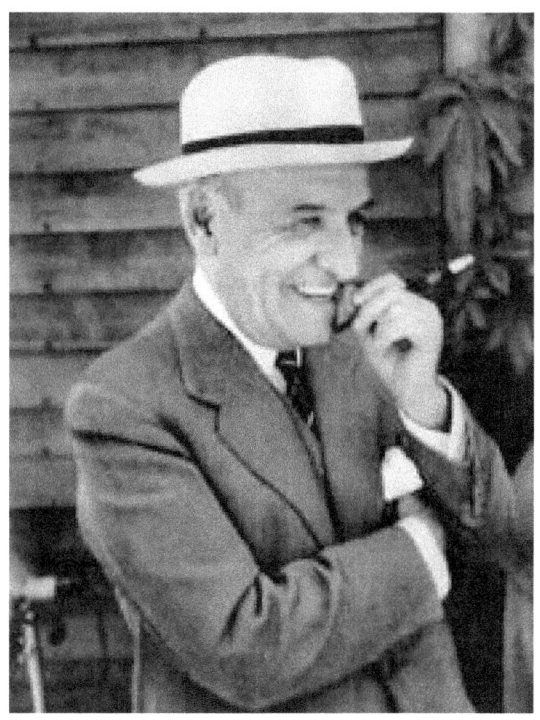

José Ortega y Gasset, (Madrid, 1883 – Madrid, 1955), fue un filósofo, sociólogo, ensayista, periodista y político español. Fundador y director de la «*Revista de Occidente*» que publicó la conferencia de Domingo Ortega con el anexo del filósofo.

En esta conferencia, un gran torero habla de lo suyo. Nótese que reduciendo en la medida que le es dada las consideraciones generales y los innumerables temas conexos con el arte de torear, se recluye en la cuestión de dónde están los pitones del toro y dónde, en relación con ellos, tiene que estar la cadera del torero y cada una de sus piernas y su brazo, y qué movimientos y quietudes debe practicar. Lo que Domingo Ortega dice está pensado desde el ruedo, en peligrosa proximidad de las astas del animal y allí tiene el lector que situarse imaginariamente para poderlo entender. Porque de lo que pasa entre toro y torero sólo se entiende fácilmente la cogida[97]. Todo lo demás es de arcana y sutilísima geometría o cinemática. La mayor parte de los que asisten al espectáculo no han conseguido representarse con claridad y precisión en qué consisten las más vulgares suertes; por ejemplo, banderillear al cuarteo[98]. En la lidia todo es rápido, incluso lo que relativamente calificamos de lento

---

[97] Cogida o cornada.
[98] Poner las banderillas frente al toro cuando carga, apartándose en el último instante para evitar los cuernos. En su uso más general, cuartear es hacer un desvío brusco en su trayectoria para evitar un golpe o un atropello.

– "sosegadas prisas" llama el varilarguero Daza[99] a los trances del toreo (escribía en torno a 1775)– y como, además, es dramático y nos sobrecoge, no deja margen a la atención para percibir en su detalle la doble melodía de movimientos que es cada suerte. De aquí que la doctrina tauromáquica expuesta por Domingo Ortega se nos presenta con cierto aire de teorema geométrico. Toro y torero, en efecto, son dos sistemas de puntos que han de variar uno con otro.

Es extraño que no se haya compuesto nunca una geometría o cinemática taurina, cuando todo el que ha querido explicar una suerte ha tenido que tomar el lápiz y dibujar líneas que simbolizan movimientos. Mas no voy a entrar ahora en ello.

Me encuentro con que mi amigo y homónimo desea que unas palabras mías acompañen a lo dicho por él, y como lo dicho por él es del más rigoroso tecnicismo, me parecería incongruente trazar algunos signos caligráficos, dibujar una tenue orla verbal. Yo no soy un "aficionado a los toros". Después de mi adolescencia son contadísimas las corridas de toros a las que he asistido, las estrictamente necesarias para poder hacerme cargo de "cómo iban las cosas". En cambio, he hecho con "los toros" lo que no se había hecho: prestar mi atención con intelectual generosidad al hecho

---

[99] José Daza, (Manzanilla, provincia de Huelva, 1720 – 1785). Fue un picador y rejoneador conocido por su obra sobre el arte taurino y la ganadería relacionada en la que se describe con detalles el mundo de la tauromaquia del siglo XVIII: *"Manejos y progresos condonados en dos tomos del más forzoso peculiar del Arte de la Agricultura que lo es el del Toreo"* (1778). El "varilarguero" es el antecesor del picador moderno.

sorprendente que son las "corridas de toros", espectáculo que no tiene similitud con ningún otro, que ha resonado en todo el mundo[100] y que, dentro de las dimensiones de la historia española en los últimos dos siglos, significa una realidad de primer orden. Era cuestión de honor para un hombre de pensamiento explicarse su origen, su desarrollo, su porvenir, las fuerzas y resortes que lo engendraron y lo han sostenido. Sobre "las corridas de toros" se han publicado no pocos libros, algunos excelentes, producto de un esfuerzo meritísimo. Pero han sido compuestos desde el punto de vista del "aficionado", no del analizador de humanidades. Siempre sentí como algo penoso e indebido que no se hubiese estudiado con el mismo rigor de análisis que cualquier otro hecho humano éste que es de muy sobrado calibre. No es, pues, cuestión de afición o desafección, de que parezca bien o parezca mal este espectáculo tan extraño. Cualquiera que sea el modo de pensar sobre él –y el mío es hasta ahora completamente inédito– no hay más remedio que esclarecerlo. No he escrito nunca sobre materia tauromáquica, y no son las circunstancias presentes oportunas para que inaugure tal operación. Prefiero, pues, enviar a Domingo Ortega algo que acaso no interese a los lectores de su conferencia, pero que es cosa nueva y de importancia en un estudio a fondo de la realidad que han sido

---

[100] «Por el año 1950, contaba Joseph–Louis, he asistido en Madrid a una novillada en la que fueron toreados seis novillos por seis novilleros de diferentes nacionalidades. Entre ellos, un francés del Suroeste y un japonés» El novillo es un toro de menos de cuatro años y la novillada es la corrida con novillos y novilleros. Estos son toreros que no recibieron todavía la alternativa.

las corridas de toros.

Como es sabido, la variedad vacuna dotada de bravura es una especie zoológica arcaica que se ha perennizado en España cuando desde muchos siglos antes había desaparecido de todo el mundo. Las causas de esta perduración no han sido aun esclarecidas. Solo es patente que en las últimas tres centurias las fiestas nobles de toros, primero, y las corridas populares, después, han logrado su artificial conservación. No sé si se tiene esto bien en cuenta, si se está atento a que esa función del coraje, lo que en la terminología taurina se llama "casta", es superlativamente inestable y siempre a punto de extinguirse.

La furia de nuestra res brava no se parece a ninguna otra en el mundo animal aun existente. Esto hacía muy difícil explicar el origen zoológico del bovino que con tanta pasión la ejercita. De un lado, aparece el toro específicamente bravo rodeado por todas partes de vacunos domésticos en que tal o cual individuo manifiesta ocasionalmente excesos de furia[101], pero que como linaje han hecho proverbial su mansedumbre. De otro lado hay que todas las variedades, especies o subespecies, de bovinos domésticos y mansuetos provienen de un tipo de toro originario, el *"bos*

---

[101] En la edición original el autor dice: *"furibundez"*. La palabra no está ni en el diccionario de la RAE ni en el VOX ni en otros. Para que todos entiendan y no busquen sin éxito, me permití, pues, remplazarla por el sentido que sugiere su contexto y su morfología (al estilo de pudibundez = exageración de pudor).

primigenius"[102], que era feroz. Los alemanes le llaman "Auerochse"[103], o toro salvaje, y los germanos y celtas debían nombrarle con un nombre parecido, que a los oídos de Julio César sonaba "urus"[104]. Fue él quien introdujo este vocablo en la lengua latina. Era un animal enorme y peligrosísimo que poblaba los bosques de la Europa central y nórdica, constituyendo la gran caza a que los señores del tiempo se dedicaban. Julio César se complace una y otra vez en decirnos como en las pausas de su beligerancia cazaba el uro. Pero es típico de su estilo que no nos describe nunca al animal de modo suficiente para que podamos representárnoslo. Con lo cual la espléndida bestia se convirtió en un mito entregado a la libre fantasía y, como todo mito, generoso en metamorfosis. Unos los imaginaban como un bisonte, otros como un búfalo y, enseguida veremos, no pocos les aproximaban a fieras que nada tienen que ver con los bovinos.

El toro primigenio, o uro, desaparece como especie viviente durante la baja Edad Media. Sin embargo, a comienzos del siglo XV perdura en los bosques de Lituania lindantes con Prusia. "Dos siglos después –nos comunica el doctor Otto Antonius[105]– quedan aún

---

[102] Nombre científico de la especie (género Bos, familia de los Bóvidos, orden de los Artiodáctilos, clase de los Mamíferos).

[103] Auerochse en alemán y no "auerochs" como indicado en el texto original.

[104] En celta era "ur".

[105] Die Abstammung der Hausrinder (Descendencia de los vacunos domésticos); Die Naturwissenschaften, 24 octubre de 1919. Esta nota es del propio don José en el texto original.

unos cuantos individuos supervivientes en Polonia, a saber en el gran bosque llamado Jaktorowka, a cincuenta y cinco kilómetros por el sudoeste de Varsovia. Este bosque fue el último refugio del uro como en nuestro tiempo el bosque de Bialowicza lo es del bisonte. En 1564 vivían aún en el Jaktorowka 38 uros, de ellos ocho machos adultos y tres jóvenes, 22 vacas y cinco terneras. En 1599 había descendido el número a 24 animales, y en 1604, a cuatro. En 1620 no quedaba más que una vaca, la cual –probablemente el último ejemplar de su especie– sucumbió en 1627."

Es inconcebible que siendo tan reciente la desaparición completa –según Antonius– de este animal no constase en la conciencia pública y en los hombres de ciencia europeos cuál era su figura y tuviera que seguir la imaginación elaborando sus fantasmagorías. La cosa es aún más extraña si se advierte que Segismundo, barón de Herberstein (1486 – 1566) embajador de Carlos V y de su hermano Fernando, había descrito bastante bien al animal en su libro "*Rarum moscovitarum commentarii*"[106], e incluso publicaba grabados representándolo[107]. Los grabados son toscos y tal vez sólo un español que los vea puede reconocer bien lo que quieren figurar.

---

[106] "Comentarios de los acontecimientos de Moscovia".
[107] El retrato del uro publicado por el barón de Herberstein está reproducido en el prólogo de esta obra.

Así andaba el asunto, cuando a comienzos del siglo pasado, el zoólogo inglés H. Smith encontró en un anticuario de Augsburgo cierto cuadro que representaba un bovino de fina y grande cornamenta. En un rincón del cuadro se leía la palabra "Thur", que es el nombre polaco del uro. La comparación de esta figura con los restos óseos que del animal se conservaban, daba como resultado completa coincidencia. Sin embargo, fue preciso esperar el estudio de M. Hilzheimer sobre el aspecto del uro para que quedase plenamente establecido que el cuadrito de Augsburgo –entre tanto desaparecido– era el retrato de uno de los últimos ejemplares, tal vez del postrer superviviente del toro primero o primigenio[108].

La presencia de esta figura aclara de plano la cuestión de nuestro toro bravo. Es este, con toda evidencia, el descendiente directo del uro o Auerochse. El único eslabón intermedio que acaso ha habido es la forma cuaternaria del uro que era de tamaño un poco menor y tuvo su expansión principal en Mesopotamia y el norte de África. El primigenio –figurado en la imagen adjunta– era mucho mayor que el más corpulento de nuestros toros. En cuanto al pelaje tenemos noticias muy precisas debidas al barón de Herberstein y completadas por Janicki[109] y otros. Era el uro adulto negro listón, a

---

[108] Nota de don José en la edición original: "M. Hilzheimer, *Wie hat der Thur ausgesehen?* Jahrbuch für wissenschaftliche und praktische Tierzucht, V Jahrgang, 1950. Tengo fotocopias de este artículo y de otros sobre el tema que sería interesante publicar en alguna revista española de agricultura, ganadería o veterinaria."

[109] Clemente Janicki, poeta polaco humanista, contemporáneo de Herberstein.

veces castaño oscuro. Terneras y becerros eran más claros, llegando casi al retinto en colorado.

Pero los que hasta ahora se han metido en este asunto dejan en el aire la pregunta de cuál fue el origen de ese cuadro arrinconado en un anticuario de Augsburgo. Aquí es donde creo poder ofrecer una pista inesperada, pero que enseguida resolverá indefectiblemente el enigma.

Hay un pasaje de una carta de Leibniz[110] –¡nada menos!– en que nadie ha reparado. Escribiendo en 18 de octubre de 1712 a su corresponsal Th. Burnett, de quien recibe y a quien envía noticias sobre los nuevos libros, dice: "No he visto aún la nueva edición de Julio César, pero soy yo quien envió a los editores el retrato del *urus*, porque interesé al Rey de Prusia en que lo hiciese hacer del natural sobre el que tiene en Berlín. El *urus* (del que Julio César habla) no es un oso, sino una especie de toro de un tamaño y una fuerza extraordinarios; en alemán se le llama *Auerochs*[111]".

Estas palabras abren un camino directo para la solución del enigma que el cuadro augsburguense plantea. ¿De qué ejemplar superviviente ha sido hecho este retrato en que nos aparece un magnífico macho en actitud –ojo radiante, manos y jarretes en tenso

---

[110] Ilustre científico y filósofo alemán nacido en Leipzig en 1646 y fallecido en Hannover en 1716. Vivió en Berlín en la corte de Federico I, su protector, que transformó el ducado de Prusia en reino en 1701.
[111] Ver nota 97. Lo correcto en alemán es "Auerochse".

avance– que los españoles conocemos tan bien? La factura pictórica no nos dirige a los comienzos del siglo XVII en que aún perduran, dentro de Alemania, las técnicas del XV, sino que lo situaríamos mejor a fines del seiscientos, es decir, en torno a 1700. La afirmación de Antonius que fecha en 1627 la extinción del último *bos primigenius* puede valer para el rebaño más importante que quedaba y era el de Polonia, pero el texto de Leibniz nos lleva a pensar que, tal vez procedentes de ese rebaño, poseía el rey de Prusia, cuyos cazaderos lindaban con los bosques de Varsovia, algunos individuos y en tiempo del gran filósofo, tal vez un último superviviente. Curioso de todo y a todo atento, este trágico destino de toda una magnífica especie concentrada en un solo individuo, le movió a asegurar la conservación de su aspecto. ¿No es sobremanera probable que el cuadro de Augsburgo sea el que fue pintado por su moción y enviado al editor de Julio César? La última palabra sobre la cuestión queda ahora fácilmente soluble. Basta que alguien busque esa edición de Julio César en alguna biblioteca alemana y compare el grabado allí impreso con la imagen que aquí va reproducida[112].

---

[112] Al final de los 90, a petición de mi padre, busqué la famosa edición de Julio César que, según Ortega y Gasset, debería resolver el enigma. Estando yo en Viena, Austria, tuve la suerte de encontrar rápidamente en la biblioteca nacional no la edición relacionada con Leibniz sino dos otras más antiguas en latín desgraciadamente sin retrato de uro. Esta ausencia del dibujo reproducido por Ortega y Gasset refuerza su hipótesis según la cual fue ulteriormente y a iniciativa de Leibniz que fue impresa la edición con la representación más reciente del animal. Sin embargo, parece que las dos ediciones que pude yo consultar no eran

La conferencia de Domingo Ortega es un documento único en la historia de la tauromaquia, porque en ella un maestro insigne del arte se ocupa en definir menudamente el esquema de movimientos en que la técnica del toreo consiste. No creo que vaya mal como anejo a sus páginas la imagen, desconocida en España, del primer toro.

---

conocidas por don José porque contienen, contrariamente a lo que él afirma sobre el general romano, una descripción detallada del uro por Julio César. Como prueba, he aquí traducido del latín lo que dice este último a propósito del uro.

Edición de Venecia, 1580: *"Comentarios de Julio César, emperador"*. No se menciona la imprenta.

Edición de Londres, 1693: "*C. Julio, emperador; comentado y anotado por el ilustre Jean Godouin, profesor real de nuestro delfín; conforme a la edición de Paris*"; Londres, Abel Swall, 1693.

Texto idéntico en las dos ediciones: "Tercero, hay ahí una especie llamada Urus. El animal posee una corpulencia ligeramente menor que la de un elefante. Su apariencia y su color son semejantes a los de los toros. Tiene una enorme fuerza y una gran velocidad. Tanto los hombres como los animales salvajes en vez de interesarse por él lo huyen." El dibujo que sigue ilustra bien este comentario de Julio César.

Solo la edición londinense tiene, además de estas líneas, una nota n.º4 de Jean Godouin en la página 133: "Urus es un vocablo galo que designa un bovino bravo. La Thur se llama hoy Polonia. Ahí, en la provincia de Mazovia, los toros son más numerosos y totalmente negros. Sin embargo, tienen en su lomo una línea blanca próxima a la espina dorsal."

Ortega y Gasset, al no conocer estas dos ediciones, malinterpreta quizás el significado de la palabra *"Thur"* que aparece en el cuadro. En efecto, "tur" en polaco es el uro (Auerochse en alemán, aurochs en francés y en inglés), pero "Thur" era el nombre antiguo de Polonia, palabra que quedó en Thüringen (Turingia en español), nombre de una extensa zona de Europa habitada antiguamente por los pueblos Thüringe. Parte de esa zona dará nacimiento a la Polonia moderna. Es lo que resume la nota n.º4 de la edición de Londres y lo que todavía evoca también el actual estado alemán de Thüringen.

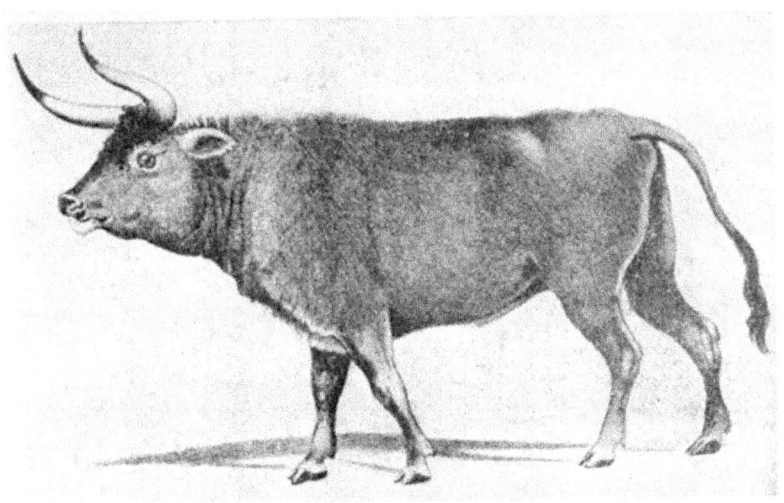

Cuadro anónimo del siglo XVII que representa el toro primitivo, *Urus o Uro*, ancestro del toro de lidia y de todos los bovinos, último sobreviviente de la especie *Bos primigenius*.

Retrato que acompaña el texto de Ortega y Gasset en *El Arte del toreo*, conferencia de Domingo Ortega, Revista de Occidente, 1950, Madrid.

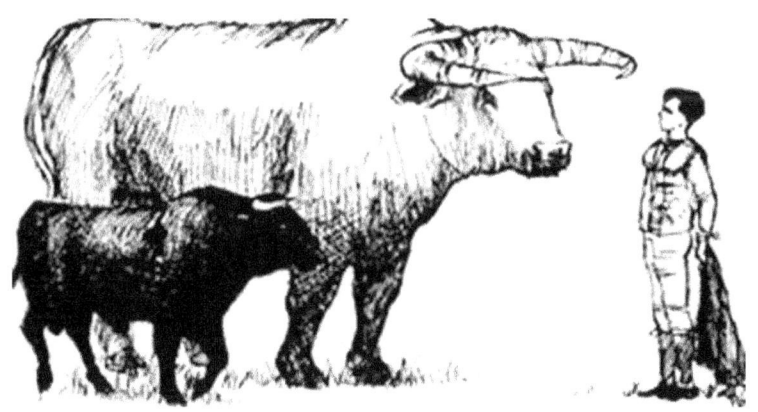

Comparación del tamaño del uro, del toro moderno y del hombre.
Según http://www.ganaderoslidia.com/webroot/origenes.htm

Se conservan, aunque a menudo incompletos, varios esqueletos del uro en diversos museos de Europa. La altura del macho variaba de 170 a 200 cm y el peso estimado era de 800 a 1000 kilos.

Desde 1920 (trabajos de los hermanos Heck) hasta ahora se implementó un intento de borrar los efectos de la domesticación para acercarse al genotipo del uro primitivo obteniendo un buen fenotipo cruzando bovinos actuales. Se logró un tipo cercano por su corpulencia y su cornamenta conocido como "neo uro" o "uro de Heck" y se pueden ver en muchas regiones de Europa. Para más información ver los excelentes artículos científicos publicados en Wikipedia sobre el asunto.

ANEXOS

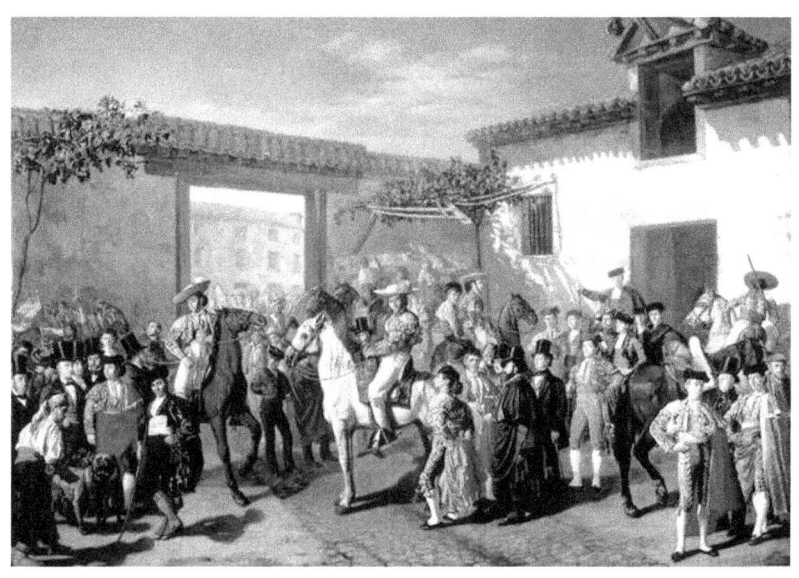

"*Patio de los caballos*", en la plaza de toros de Madrid en 1856.
Pintura de Manuel Castellano, museo del Prado.

UNA HAZAÑA DE JUVENTUD
DE PEDRO ROMERO[113]

Artículo de José Somoza publicado el 23 de enero de 1842 en la revista madrileña: "*Semanario pintoresco español*".

Notas de Henri Piquer

Siempre que miro el retrato de Pedro Romero, pintado por Goya[114], admiro el ingenio de este artista que en un retrato de medio cuerpo ha encontrado medios de caracterizar a aquel torero célebre y singular. Su semblante, que está muy parecido, respira honradez y aun sensibilidad sin que se advierta nada que indique la ferocidad desalmada de las costumbres gladiadoras. Solo una de sus manos, que está abierta y apoyada sobre el otro brazo, es la que manifiesta la profesión del personaje. Esta mano de atleta se presenta en primer término y llama la atención de los espectadores para que no duden

---

[113] Este artículo del Semanario Pintoresco Español fue reeditado, así como el siguiente, por Miguel Ángel López Rinconada en su obra de recopilación: "La Tauromaquia en el Semanario Pintoresco Español (Madrid, 1836 – 1857)", Coimoff S.A., Arganda del Rey, 1995. Recopilación interesante para los lectores interesados por la historia de la tauromaquia. Para facilitar la lectura del artículo me permití modernizar la puntuación y corregir alguna ortografía que haya evolucionado desde aquellos tiempos. Incluso el nombre del autor estaba mal escrito –por lo menos en la reedición referenciada.

[114] Francisco de Goya, pintor español (1746 en Zaragoza; 1828 en Burdeos). Debatiéndose entre las ideas liberales importadas por los franceses con José Bonaparte en el trono español y su profundo patriotismo, acabó por denunciar las exacciones de las tropas de ocupación napoleónicas en obras mordaces como el *Dos de Mayo* y el *Tres de Mayo*. Partidario de una monarquía constitucional, tuvo que exiliarse cuando regresó Ferdinando VII de Borbón. Su *Tauromaquia* es una serie de dibujos conservados en el museo del Prado en Madrid. Esos dibujos ilustran perfectamente lo que dice Domingo Ortega sobre el método clásico de Pedro Romero y las hazañas de Paquiro.

respecto al ejercicio y fuerza del que miran. La primera vez que vi este retrato en el estudio de Goya, recordé una conversación de mi padre relativa a Pedro Romero.

Se trataba de la inmoralidad de las corridas de toros, y conviniendo mi padre en todas las invectivas triviales y repetidas contra este espectáculo, decía que sin embargo había él recibido una lección de moral muy fuerte y profunda en la corrida de toros en que murió un hermano de Pedro Romero. El lance sucedió en la plaza de Salamanca como saben todos los aficionados. Apenas Pedro Romero, joven entonces, vio a su desgraciado hermano caer mortal, se dirige a la barrera[115], toma una espada y corre hacia el toro sin pedir licencia a la autoridad, sin escuchar las súplicas de su anciano padre que traspasado del dolor por la pérdida de un hijo, veía probable la de este otro que amarillo de cólera, erizado el cabello, con sólo la espada, sin capa en la otra mano, ni ninguna otra defensa, corre hacia la fiera y para llamarla la atención y separarla del cuerpo de su hermano da un grito espantoso. Cuando oí aquel grito (decía mi padre), no tuve por increíbles aquellos gritos que en las batallas de Homero dan los guerreros y son oídos en medio del combate. Este grito produjo un general silencio; el interés de los espectadores mudó de objeto; ya no es el héroe de la función el animal perseguido injustamente y que se venga de gentes asalariadas y de poca importancia que le persiguen.

En efecto ¡qué escena! un padre arrodillado en medio de la plaza y que pide al cielo le conserve un hijo, al tiempo que acaba de ver espirar el otro. Todo el mundo se interesa ya por esta desgracia familiar. El terror y la compasión en el más alto punto se han

---

[115] Hoy se diría más bien "talanquera".

apoderado de todos. En este intervalo de silencio trágico, Pedro Romero y el toro se arrojan uno contra otro y este último cae muerto de una sola estocada de aquella mano diestra y firme dirigida por la vista más certera que hubo entre lidiadores. Las voces y palmadas de aplausos resuenan por todas partes pero ¡oh naturaleza! el sensible Pedro Romero no las escucha, ni contesta a ellas; el público y la gloria le es indiferente; no es aquel Pedro Romero airoso y gallardo que concluida la estocada se solía congratular con el anfiteatro de un modo tan halagüeño e inimitable, con aquel movimiento circular del brazo y de la espada, y aquellos pasos apresurados y cortos sobre la punta del pie. Es un desgraciado hermano, es un individuo de la humanidad que pasa por la rueda de pasiones y dolores que ocasiona un desastre, y que desde la altura de la ira y venganza cae desmayado entre los brazos de un padre. Los otros lidiadores rodean llorando al padre y al hijo, y los sacan de la plaza. La función no prosigue; el espectáculo se da por concluido con este acto. Los espectadores bajan de sus asientos convencidos de que no puede ofrecérseles ya escenas que interesen. Cada uno quiere ir a meditar en silencio o a comunicar con sus familias la sensación que ha experimentado, y a gozar de la seguridad de no haber perdido desastrosamente a un hijo o a un hermano.

José Somoza[116]

---

[116] José Somoza fue un escritor español (1781–1852, en Piedrahita –Ávila). Resistió primero por las armas y luego en el marco legal a la ocupación napoleónica. Liberal, tuvo problemas con la Iglesia y fue encarcelado. Participó en la vida política regional y nacional. Escribió numerosas obras novelísticas y poéticas características del prerromanticismo. También escribió artículos sobre anécdotas y costumbres. Se relacionó con Goya que era amigo de su padre, después de que este muriera en 1797, visitando su taller a menudo en Madrid donde fue a estudiar. La revista "El Semanario pintoresco español" en la que

publicó este artículo fue fundada por el Ramón Mesoneros Romano, futuro académico, quien todavía era liberal también en aquel momento.

NOTA SOBRE EL ARTÍCULO DE SOMOZA

Los hermanos Romero retratados por Goya.

Goya pintó a los dos hermanos antes de exiliarse en Francia en 1824. Por eso José Somoza, el autor del artículo, pudo contemplarlos en el estudio del pintor que visitaba a menudo. El detalle relatado a propósito de la mano nos demuestra que el escritor confunde en su memoria los dos retratos. En efecto, sólo José apoya su mano izquierda sobre el brazo derecho y no Pedro. José era ya muy famoso cuando Pedro empezó su carrera. Era el mayor de varios hermanos toreros. Pero si el retrato descrito por José Somoza bien es el de José Romero, basta comparar la fecha de la muerte de este con la edad correspondiente de Pedro para entender que el torero muerto en Salamanca no puede ser José. Se trata en realidad de otro de los hermanos Romero: Juan Gaspar (conocido en las corridas de toros como Gaspar). Fue el 16 de septiembre de 1773, lo que confirma lo dicho en el artículo sobre la juventud de Pedro: cuando ocurrió aquel drama, este tenía apenas 19 años. Al tercer hermano, Antonio, también lo mató un toro a los 38 años. Fueron las hazañas de la dinastía de los Romero que inspiraron a Goya su serie "Tauromaquia".

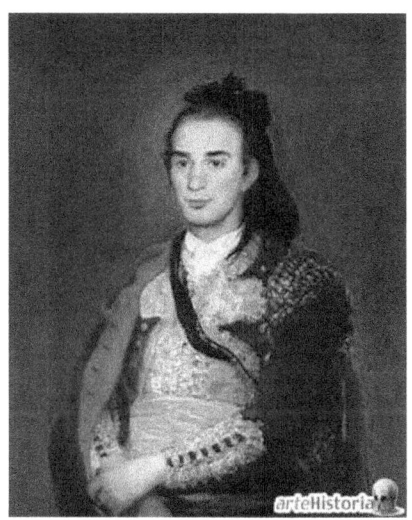

José Romero (1745–1826)

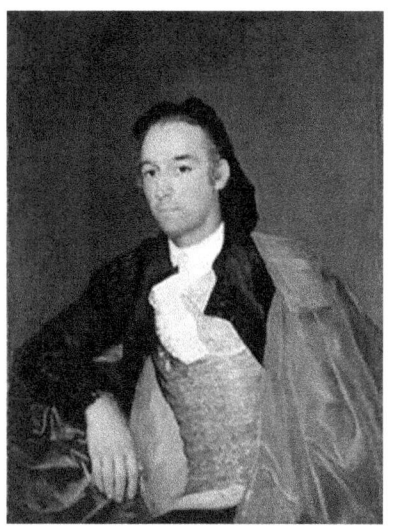

Pedro Romero (1754–1839)

LOS TOROS

Artículo de Eugenio de Tapia publicado el 2 de enero de 1842 en el "Semanario Pintoresco Español"

No me hables de Londres
de Roma y París
que toros no lidian
los hombres allí.
¡Dichoso el que puede
gozar en Madrid
función tan gloriosa
que empieza en abril![117]
El lunes se huelga,
¡qué grato vivir!
Se come, se monta
en un calesín,
y al circo volando
van ciento, dos mil.
¡Qué ruido a la entrada!
¡Qué hirviente bullir!
Cual reses que salen
de estrecho redil.
Empieza el despejo
con pompa gentil,
y corre la plebe
famélica y ruin,
cual huye acosado
feroz jabalí.

Ya limpia la arena
se ve concurrir
del plácido Betis
y el claro Genil[118],
vistosa cuadrilla
dispuesta a morir.
Tomando la venia
del jefe civil
que manda la plaza,
se apresta a la lid.
Ya va con la llave
el listo aguacil,
le silban, y corre
y excita el reír.
Se da la señal
y suena el clarín,
se abre la puerta
del hondo toril.
El toro se arroja
furioso a embestir,
cual rayo que lanza
tronante fusil.
Sevilla el valiente
le espera al salir,

---

[117] Alusión a las fiestas de Madrid en honor de su santo patrón.
[118] Betis es el nombre romano del río Guadalquivir que riega Andalucía. El Genil es un afluente del anterior que cruza Granada. El autor alude pues al origen geográfico más frecuente de los toreros.

la pica enristrada
cual bravo adalid
Al bote primero
clavó en la cerviz
el hierro, y la fiera
cedió sin herir.
¡Qué aplausos! No he visto
mayor frenesí;
¿Qué valen las glorias
antiguas del Cid?
¡Mas ay! Que el segundo
cual torpe aprendiz
ha errado la vara
y piensa huir.
El toro acomete;
¡ay pobre de ti!
En vano te agarras
ansioso a la crin.
El útil caballo
inerme, infeliz,
expira sangriento
en trágico fin;
y tú a las cornadas
ya temes morir
llamando a la Virgen
y al santo Crispín[119].
No tiembles, que Montés[120],
sereno y gentil,
tendió ya su capa
color carmesí.
El toro te deja
y corre al carmín
y búrlale Montés

con mágico ardid.
Entonces te mueves,
mirando al Cenit
como una tortuga
matón baladí.
Te ayudan, y tornas
pesado, a subir
en otro caballo
más ético y vil.
En tanto Sevilla,
como a un maniquí,
revuelve su jaco
de ardiente nariz.
El toro hace frente,
escarba, y así
se miran, se amagan;
¡o sabio Merlín!
Aquí di tu encanto
sino el adalid
es víctima triste…
No en vano temí;
venció como César
el toro malsín.
Caballo y jinete,
cual tierno alhelí,
sangrientos, postrados,
rodando… Acudid,
pedestres toreros;
el riesgo está aquí.
Salvad a Sevilla
que va a sucumbir.
Lo salvan ¡qué gloria!
Perece el rocín,

---

[119] Obispo y mártir de Andalucía del Siglo IV, en Écija, cuya fiesta es el 20 de noviembre. Dejó huella en la liturgia mozárabe. Para recuerdo: los mozárabes eran los cristianos que vivían en la Península en los reinos árabes de Al–Andalus.

[120] Se trata del famoso Paquiro mencionado como referencia histórica por Domingo Ortega en su conferencia y citado en varias notas anteriores. En esta corrida, parece intervenir poco.

que una tahona
pudiera servir.
Dos nuevos caballos…
¡Qué flacos venís!
Son galgos; no pueden
¡ay Dios! resistir.
Murieron; van cuatro…
¿Aun otros pedís?
¡O gente más dura
que el turco Selín[121]!
Ya basta, allá vuela,
cual raudo neblí,
con dos banderillas,
el diestro Joaquín.
Al toro de frente
provoca a la lid,
y parte la fiera
cual rayo a embestir.
El hierro punzante
se clava, aplaudid,
que el toro da brincos
como un volantín.
Detrás lo persigue
ligero andarín
que clava en las nalgas
el dardo sutil.
Mas ya toca a muerte
el ronco clarín;
con capa y estoque,
ufana de sí,
el triunfo glorioso,
va el jaque: pedid
que el cielo lo ampare;
¡oh buen matachín!
La suerte es adversa,

erraste, infeliz;
a un lado el estoque,
como un espadín,
pusiste… ¡Qué silbos!
te llaman servil;
es voz de la plebe,
ladrar de mastín;
ayer te aplaudían;
la plebe es así.
Te dan otra espada
y vuelves a herir;
tropiezas en hueso,
estás muy rocín;
degüellas, al cabo
en torpe desliz,
al toro; requiescat[122],
tú logras vivir.

No siempre es el toro
un bravo animal;
lo mismo sucede,
hablando en verdad,
al hombre; este manso
y aquel montaraz.
Hay toros que temen
la vara fatal
y nunca hacen frente,
y huyendo se van.
Contra estos bastardos,
lo más eficaz
es fuego; lo pide
el pueblo a la par
con voz tronadora
de fuerte gañan.
Los cohetes estallan,

---

[121] Solo es un nombre turco para la rima porque se admitía entonces que un turco era forzosamente cruel. No hay que olvidar que los turcos fueron enemigos de la monarquía española en el Mediterráneo hasta finales del Siglo XVII.

[122] *"Descansa en paz"* en latín.

y el toro fugaz,
bramando, brincando
de acá para allá,
traspasa la valla,
¡oh mísero azar!
La turba de chulos
y guapos, que está
gozando de cerca
la lid nacional,
se aturde, se agolpa,
ve al toro detrás.
¡Dios mío, qué cuernos!
¡Qué aspecto infernal!
Abrid esa puerta,
Que va a destripar
un ciento, y la patria
de luto estará.
Ya se abre, y el toro,
forzado a parar,
al circo se torna
y allí con afán
de nuevo lo punzan;
¡encono bestial!
¡A un buey trata el hombre
con tanta impiedad!
A veces, demanda
la plebe locuaz
los canes rabiosos
de fuego en lugar.
Dos perros de presa
con ansia veraz
se lanzan al toro,
y en pos otro par.
La fiera hace frente,
embiste, y un can
herido en el aire
se ve voltear.
En tanto los otros
con arte sagaz
se ciñen al cuerpo

y presa hacen ya.
Sacúdese el toro
con fuerte bramar,
y deja dos canes
rendidos atrás,
y hiere al tercero
que, duro y tenaz,
asido a la oreja
no cede jamás.
El toro se suelta,
le punza, le da
cien vueltas en vano,
parece inmortal.
Acuden los otros;
se aferra al ijar
el uno, cual tigre
o lobo rapaz,
Y muerde, y la sangre
comienza a brotar;
y el duro colmillo
parece un puñal.
El otro a la oreja
con fiero ademán
se tira, desgarra;
se ven centellar
sus ojos, cual fuego
de ardiente volcán.
El toro rendido
no puede acornar,
y brama, y de sangre
le corre un raudal.
Entonces terminan
su triste penar
la espada sangrienta
y el hierro auxiliar
que clava en la nuca
el diestro oficial.
Sonoras esquilas
se escuchan; mirad,
tres mulas galanas

corriendo a la par
con sendos zagales
que corren aún más.
Se acercan, engancha
del muerto animal
los cuernos un joven
membrudo y audaz.
El látigo estalla,
y vuelve el zagal,
y brinda la plebe
ruidosa y procaz.
Dejadme, ya basta,

dejadme escapar;
no quiero más toros,
que angustia me dan.
Pisando el caballo,
sumiso y leal,
sus propias entrañas,
¿podré yo gozar?
Adiós, compatriotas,
me voy a Tetuán[123];
más quiero ver monas
que toros matar.

Eugenio de Tapia[124]

---

[123] Tetuán era una colonia española de África en la costa norte de Maruecos.

[124] Eugenio de Tapia (1778–1860). Literato español, miembro de la Real Academia Española. Observó las sesiones de las Cortes de Cádiz como redactor de la «Gaceta». Al regreso de Ferdinando III en el trono, es condenado por la Inquisición en 1814 a nueve meses de cárcel por tentativa de conjura según una acusación malintencionada de su editor. En realidad, se le reprocha así como a sus compañeros de celda, de ser partidarios de una monarquía constitucional. Fue redactor de la revista política «El Semanario patriótico», donde publicó numerosas sátiras sobre personajes importantes. Escribió una historia de España («Historia de la Civilización Española», Imprenta Yenes, Madrid, 1840) y elaboró una obra que cubre varias áreas (poesía, novela, sátira, teatro) y donde se presenta opuesto al romanticismo. Fue el autor del primer análisis moderno del "Cantar de Mío Cid".

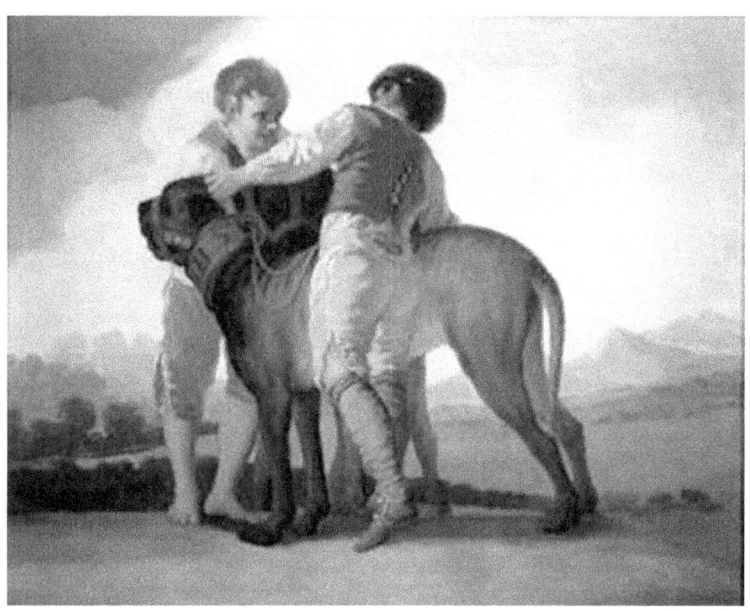

"Niños con perros", 1786, Museo del Prado; cuadro de Goya. Se puede observar dos perros como los descritos en el poema de Eugenio de Tapia que intervenían en las corridas para debilitar al toro, cuando menos pues, como ya dicho, a veces lo mataban antes del diestro. Se puede tener una idea del tamaño de estos perros comparándolo a la estatura de los niños de unos doce años.

UN ESPONTÁNEO "REAL"

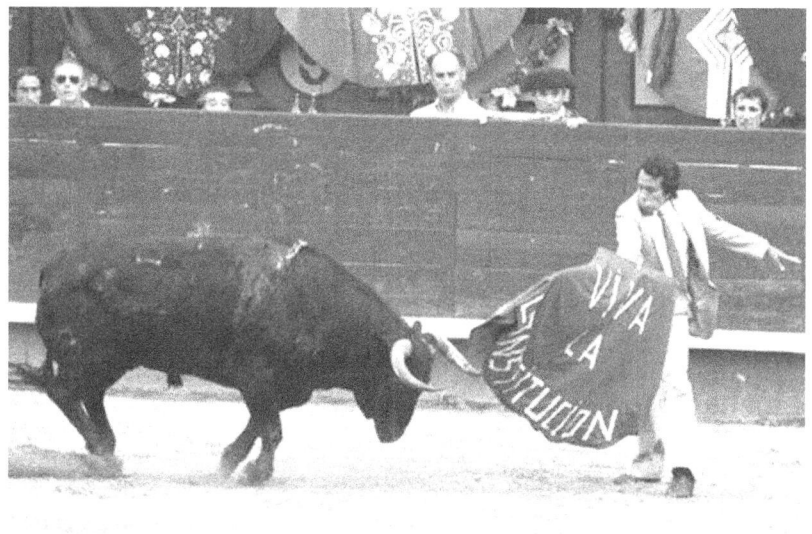

Tributo político-taurino de Antonio Olmos al Rey de España.

Como ya se ha explicado anteriormente, el salto al coso por parte de algún espontáneo tenía como meta traer la atención de algún empresario taurino sobre el autor para que le diese una oportunidad de ingresar a la profesión de torero. Pero, a veces, podía tener un propósito muy distinto: responder a un desafío, contestar a un insulto, etc. o, curiosamente, dar a conocer un mensaje político como lo ilustra el anécdota que sigue reportado en sus pormenores por Alejandro Recio & Paco Domingo en su artículo "*Historia del traje de luces del torero*" publicado en el sitio cuya referencia está al final del libro y donde el lector encontrará otros casos excepcionales de espontáneos.

El 23 de febrero de 1981, hubo un intento de golpe de estado contra la joven democracia española. Fracasó totalmente gracias a la postura firme adoptada por el rey Juan Carlos I a favor de la democracia. Este reafirmó su apego a la nueva constitución adoptada en 1978 por una mayoría abrumadora de ciudadanos (más del 88%) y especialmente, o curiosamente y más del 90% en Cataluña y Andalucía, con participaciones excepcionales en todas las Autonomías. Unos meses después de los días dramáticos en que las Cortes fueron tomadas, pero en vano, de rehén, un joven activista socialista del PSOE, Antonio Olmos, saltó de espontáneo en la arena de la plaza de Madrid. Toreó algunos momentos con una muleta en la que estaba escrito de un lado: "Viva la Constitución" y del otro: "Nobel Paz para el Rey". Según parece no se le infligió la multa habitual en estos casos de invasión del ruedo durante una corrida. Por lo contrario, su audacia y su valor le dieron una gran popularidad.

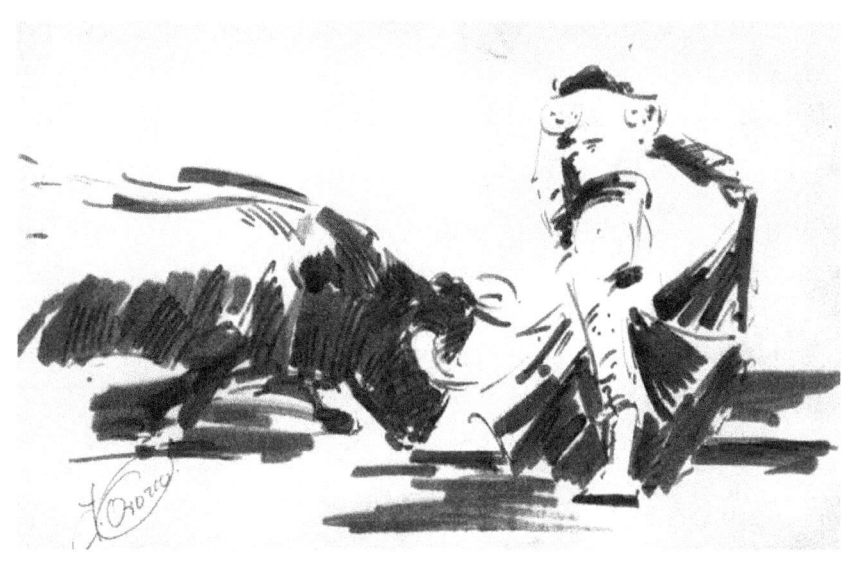

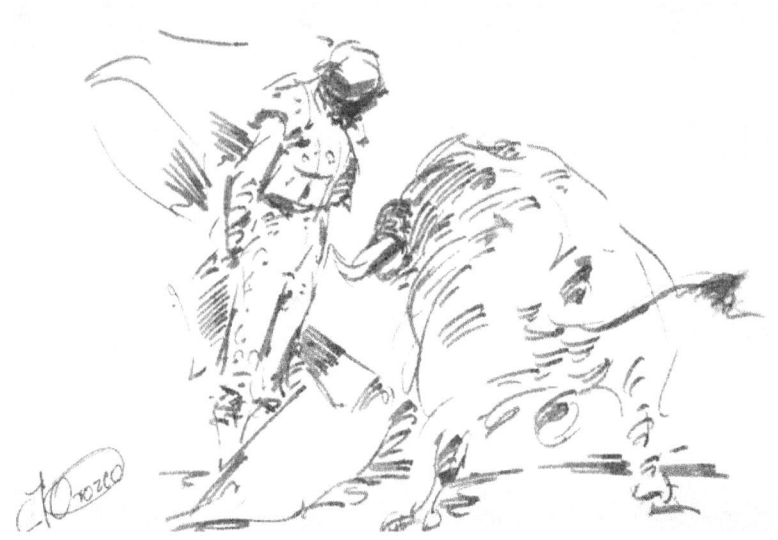

Dos lances de capote – Dibujo del Dr. Jorge Orozco Ochoa, tinta sobre cartulina de receta médica.

BIBLIOGRAFÍA

Obras impresas

Bennassar, Bartolomé, *Histoire des Espagnols*, Robert Laffont, Paris, 1975.

L'Homme espagnol, Éditions Complexes, Paris, 1975.

César, Julio, *Commentaires*, Venise, 1580.

Coderch, Gustave, *Éléments d'une biographie de Domingo Ortega*, Ed. Jean Lacoste, Mont de Marsan, 1954.

Cossío, José María de, Los Toros, *Tratado técnico e histórico*, 12 vol. Espasa–Calpe, Madrid, 1943 à 1997.

Delgado, José (Pepe Hillo), *Tauromaquía o arte de torear*, Turner – Ediciones El Equilibrista, Madrid, 1994.

De Torres, José Carlos, *Léxico español de los toros*, Consejo superior de investigaciones científicas –Instituto de filología–, Madrid, 1989.

Dumont, Roger, *Les Mots de l'Arène, lexique de la Fiesta Brava*, J&D éditions, Biarritz, 1993.

Frézals, *G. de, Courses au taureau et Principes de Tauromachie*, collection Rediviva, Lacour Éditeur, Nîmes, 1993.

Gautier, Théophile, *Voyage en Espagne*, Bibliothèque Charpentier, Paris, 1904.

Giesbert, Frank–Olivier, *Les tartuffes anti–corridas*, Journal « Le Point » du 19/09/2012.

Giocanti, Sylvia, *Montaigne et les bêtes : la bêtise et l'animal dans les Essais de Montaigne,* conferencia dada durante las jornadas DAFPEN sobre el tema « Montaigne philosophe », Montpellier, enero 2011. https://disciplines.ac–montpellier.fr/philosophie/sites/philosophie/files/fichiers/2011/giocanti_montaigne.pdf

Godouin, Jean, *Commentaires de Jules César Empereur, édition commentée et annotée par*, chez Abel Swall, Londres, 1693.

Le Vaillant, Luc, *On n'est pas des bêtes ? Ben si, encore un peu*, artículo publicado en el diario *Libération*, el 10 de julio de 2017.

López Rinconada, M. Angel, *La Tauromaquía en el Semanario Pintoresco Español*, Imprenta Coimoff S.A., Arganda del Rey, 1995.

Mérimée, Prosper, *Lettres d'Espagne*, Éditions Complexe, Paris, 1989.

Montés, Francisco (Paquiro), *Tauromaquía completa*, Turner – Ediciones El Equilibrista, Madrid, 1994.

Ortega, Domingo, *El Arte del Toreo*, conferencia, Revista de Occidente, Madrid, 1950.

Piquer Henri, *Francesco Antonio del Carretto, marquis de Grana, ambassadeur impérial et conseiller de Philippe IV*, ANRT, Lille, 2009.

Popelin, Claude, *Le Taureau et son combat*, Editions de Fallois, Paris, 1993.

Quirós Mateo, José Antonio B de, *Eugenio de Tapia: un análisis del Cantar del Mío Cid*, publicado en el sitio www.parnaseo.uv.es

Rey, Alain, introducción al *Dictionnaire Historique de la Langue Française*, Dictionnaires Le Robert, Paris, 1992.

Unamuno, Miguel de, *En torno al casticismo*, Editorial Biblioteca Nueva, Madrid, 1996.

Diccionarios & enciclopedias

Diccionario de la Real Academia de España – 22ª edición.

VOX, Diccionario general ilustrado de la Lengua Española, Ed. Biblograf S.A. 3ª edición.

Dictionnaire Historique de la Langue Française, 1992, (Dictionnaires Le Robert).

Dictionnaire « Le Petit Robert », edición de 1981.

Dictionnaire tauromachique, Paul Casanova et Pierre Dupuy, chez Jeanne Laffitte, Marseille, 1981.

Wikipedia en español, francés, inglés y alemán.

Sitios Internet

https://www.biografiasyvidas.com/biografia/o/ors.htm Enciclopedia biográfica.

www.artehistoria.jcyl.es Autonomía de Castilla – León

www.elartetaurino.com Todo sobre las corridas de toros y los dibujos taurinos de Goya www.ganaderoslidia.com Asociación Europea de Ganaderos de Toros de Lidia

www.e–torredebabel.com/Historia–de–la–filosofia/ Reseña de la filosofía de Ortega y Gasset.

www.rondamalaga.net "La Primera Dinastía Torera de Ronda" de José Miguel Herreros Vela

www.cultoro.com/blog/2011/03/14/parar–templar–mandar–y–cargar–la–suerte/ Léxico

www.toroprensa.com

www.bibliotecadigital.ilce.edu.mx/sites/fondo2000/vol1/tauromaquias/html/indice.html

www.allianceanticorrida.com Sitio de « Alliance Anti–corrida »

www.anticorrida.com Sitio de « Comité Radicalement Anti–Corrida »

www.flac–anticorrida.org Sitio de « Fédération des Luttes pour l'Abolition des Corridas »

www.museodelprado.es/coleccion/galeria–on–line

http://archivo.e–consulta.com/blogs/toros/?p=186 blog

https://www.elnuevosiglo.com.co/articulos/04–2019–cinco–premios–nobel–y–los–toros, periódico *El Nuevo Siglo*: "*Cinco premios Nobel y los toros*"

http://www.senado.gov.co/historia/itemlist/tag/Julio%20Miguel%20Guerra%20Soto, sitio del Senado de la República de Colombia.

https://www.servitoro.com/blog/anatomia–toro–lidia/ Las explicaciones sobre la organización de una plaza y el desarrollo de una corrida.

TABLA DE ILUSTRACIONES

Cubierta p.I – *Rematando un quite*, dibujo con tinta del Doctor Jorge Orozco Ochoa (médico, pintor, músico, mecenas, toreador, Guadalajara, Jalisco, México, 1911–1991), sobre cartulina de receta médica, (cortesía de la familia, derechos reservados).

Cubierta p.IV – *Desenfoque revolucionario* (mural recordando a Emiliano Zapata), fotografía de Henri Piquer en *Guiños, un alma francesa por Tierra mexicana*, derechos reservados.

p.1 – *La constelación de taurus* por Johannes Hevelius in Uranographia, Atlas Coelestis, 1690. (Wikimedia, dominio público).

p.9 – *Saliendo del toril* – Dibujo del Dr. Jorge Orozco Ochoa, tinta sobre cartulina de receta médica, (cortesía de la familia, derechos reservados).

p.17 – El origen de las banderillas, Goya, Museo del Prado, http://www.realacademiabellasartessanfernando.com/es/goya/goya–en–la–calcografia–nacional/tauromaquia

p.23 – *Asalto a diligencia*, cuadro de Goya, 1794, Colección Castro Serna Madrid, (Wikimedia, dominio público).

p.23 – *Duelo a garrotazos*, cuadro de Goya, 1823, Museo del Prado (Wikimedia, dominio público).

p.28 – *Pase Manoletina (con muleta)*
http://arqueohistoria.blogspot.mx/2012/04/sobre–las–corridas–de–toros.html, diario El Comercio, El Perú, 02/04/2012)

p.29 – *Lance Revolera (con capote)*
(http://aportagayola.wordpress.com/la–lidia/quites/) sitio de información taurina.

p.57 – *Plaza de Ronda, Andalucía. (*Oficina de Turismo de Ronda*)*.

p.59 – *Uro o Urus,* retrato ofrecido por Ortega y Gasset a Domingo Ortega para la conferencia (Revista de Occidente, 11/1950, Madrid).

p.60 – *Urochse* in Caesarausgabe von Graevius, 1713

(http://www.latein–pagina.de,) Artículo sobre Julius Caesar, dominio público.

p.60 – *Uro*, dibujo del barón Sigismund von Herberstein (in Rerum Moscoviticarum Commentarii, 1549), Wikimedia, dominio público.

p.68 – *Pase Navarra*, http://aportagayola.wordpress.com/la–lidia/quites

p.77 – *Lluvia de toros*, cuadro de GOYA, 1827, Museo del Prado (Wikimedia, domaine public).

p.81 – *Domingo Ortega en los años 40* (Foto publicada por http://www.ganaderoslidia.com/webroot/domingo_ortega.htm).

p.83 *Domingo Ortega*, pase (de muleta) de frente al toro, « Mundo gráfico », junio 1936. https://www.purezayemocion.com/noticia/1751/

p.83 – *Domingo Ortega con Miguel Ángel Martínez "El Zapopan", creador del lance la Zapopina.* Madrid, años 1970. Cortesía del propio maestro Martínez.

p.85 – *Pedro Rocamora* (http://biblioteca2.uclm.es Universidad de Castilla–León)

p.89 – *Trajes de luces*, Autor anónimo, (Wikimedia, dominio público).

p.113 – *José Delgado, (Pepe Hillo) & Francisco Montés, (Paquiro)* Litografías de Laujol; (Wikimedia, dominio público).

p.119 – *La Novillada*, cuadro de Goya, 1780, Museo del Prado, Wikimedia, dominio público.

p.121 – *Enrique Ponce* (retrato de Barbot Yves, Own work, CC BY–SA 3.0 – https://commons.wikimedia.org/w/index.php?curid=2686983

p.123 – *Traje de luces* (Museo de la tauromaquia de Córdoba)

p.125 – *Pedro Romero matando un toro parado*, Cuadro de Goya, c.a. 1815, Museo del Prado, (Wikimedia, dominio público).

p.127 – José Delgado *"Pepe Hillo" después de haber matado un toro*, grabado en la primera edición de su tratado *"La Tauromaquia"*, imprenta Manuel Jiménez Carreño, Cádiz, 1796, dominio público.

p.127 – *Joaquín Rodríguez «Costillares» habiendo matado un toro*, c.a 1787, en Cano y Olmedilla, *Trajes de España* por revista *"Pan y Toros"* del 15/08/1887, Biblioteca Nacional de España, dominio público. También colorizado en http://www.elartetaurino.com/Costillares.htm

p.133 – *José Ortega y Gasset*, fotografía tomada por la prensa en los años 1920, Wikimedia, dominio público.

p.145 – *Reproducción supuesta del retrato del toro primitivo, Urus o Uro, de Leibintz* (Texto de Ortega y Gasset, Revista de Occidente, 11/1950)

p.147 – *Comparación de las tallas del uro, del toro moderno y del hombre* (http://www.ganaderoslidia.com/webroot/origenes.htm)

p.151 – *Patio de caballos de la plaza de toros de Madrid*, cuadro de Manuel Castellano, 1856, Museo del Prado, (Wikimedia, dominio público).

p.157 – *José Romero* (cuadro de Goya, c. 1795, Philadelphia Museum of Art (reproducido en el sitio Castilla–León – http://www.artehistoria.jcyl.es/genios/cuadros/2540.htm)

p.157 – *Pedro Romero*, cuadro de Goya, 1795, Wikimedia, dominio público.

p.165 – *Niños con perros de presa*, cuadro de Goya, 1786, Museo del Prado, dominio público.

p.167 – *El espóntaneo Antonio Olmos torea a favor de la Constitución*, 1981, fotografía publicada en la prensa de la época. http://www.elartetaurino.com.

p.169 – *Dos lances de capote* – Dibujos del Dr. Jorge Orozco Ochoa, tinta sobre cartulina de receta médica, (cortesía de la familia, derechos reservados).

ÍNDICE

www.ingramcontent.com/pod-product-compliance
Lightning Source LLC
Chambersburg PA
CBHW072137170526
45158CB00004BA/1408